「令和への提言」

政と官

──その権限と役割

まえがき

私は若い頃から歴史に興味を持っていた。これまで比較的多くの本を読んだつもりだが、その中でも歴史に関するものが多かったように思う。そのうちに「歴史」が、学校の教科書で教えられるような抽象的なものではなく、私やそのまわりの者の生活に深く係わる具体的なものであることに気がついた。

父は東京で働いていたが、第二次大戦中、戦況の悪化とそれに伴う首都の混乱を予期して政府が出した帰郷のすすめに従い、母と私を連れて故郷である福岡に戻った。そのおかげで、私達は１９４５年3月の東京大空襲を免れた。もし、そのまま東京に残っていたら、どのようになっていたのかわからない。

叔父は私が生まれる前であるが、いわゆる支那事変により中国で戦死している。祖父は日露戦争に出征したという。

いつの頃からか、私は、それぞれの世代にはその果たすべき役割があるのではないかと思うようになった。その一つが、結果として330万人という大変な数の日本人が死亡することとなった先の大戦についての評価である。

その世界史的観点からの総括もさることながら、肝心のわれわれ自身にとって、この大戦が何だったのかということがきちんと整理されていないのではないかと思う。ただ、これは、われわれ世代がやり遂げなければならない課題ではあろうが、私が試みようとしてもいかにも荷が重い。

そのうちに、わが国の歴史はその後も動いているということに思い至った。1945年の敗戦以降、わが国は文字通りの廃墟から目覚しい経済発展を遂げ、世界の経済政策をリードするいわゆるG5やG7のメンバーとなった。しかも、その中の唯一のアジアの国であり、いわゆる途上国から先進国の仲間入りした唯一の国でもあった。ある時期には、国際金融面では米国と並ぶ「G2」の一つと言われる程になった。

その中で、私自身が国際金融政策を中心として、わが国の経済政策に直接係わってきたのである。だとすれば、この時代についてのわが国自身の正しい認識を形づくる為に、その見聞きしたこと、行ったこと、感じたことを書き残しておくべきではないかと思うようになった。

先の脈絡から言えば、このことがわれわれ世代の果たすべき役割の一つではないかということである。そうすることは、次の世代の適切な政策の立案に役立つはずである。

かたがた、この私達が生きた時代の事柄についても、その政策に直接関与したこともなく、実情を深く考察したわけでもない人や、とにかく声の大きい人の主張が、さしたる検証もなく、歴史的な事実として世間に受け入れられる傾向が最近見られる。そういう認識に基づいて次世代の政策が形づくられるということになれば、将来の政策が危うくなる。

そこで私は、甚だ僭越ではあるが、この時代に国の政策の企画立案に参画した者として、それに価しそうな事柄について、見解を様々な形で発信することにした。産経新聞九州・山口特別版の「一筆両断」に書かせてもらっているエッセイもその一つである。

今回その一部をまとめて出版してはどうかという話をいただいた。こうして誕生したのが、この本である。

この本は、先に述べたような動機で書いた小論をまとめたものなので、幅広いテーマをカバーしている。その中で特に力を入れたものが「政と官」についてである。そこで、必ずしも全体を表わすものではないが、「政と官―その権限と役割」という題名とした。

時あたかも、「令和」の新時代に入った。この試みが、新しい時代の、よりよい政策の実現の為にいささかでも役立つことになれば、これ程幸せなことはない。

令和元年（２０１９年）盛夏　福岡の寓居にて

久保田勇夫

◇政と官――その権限と役割　目次

第3章　プラザ合意

第4章　日米交渉

第5章　世界経済

第1章　政と官——「役人道」論

「政」と「官」——その協働関係と緊張関係

■政策決定者としての「官」

最近、いわゆる「霞ヶ関」の公務員を巡る事件が続いて起こり、これらに関して官僚のあり方や、「政」と「官」との関係が問題となっている。

私もその「霞ヶ関」で大蔵省を中心に三十数年勤務し、退官後、政府関係機関の役員をした。思うところもあって、その途中で民間に転じ、現在は故郷の福岡に戻って銀行の経営に参画している。民間部門に移って十数年になる。

私は現役時代から公務員のあり方について深い関心を持っていた。そこで、公務員を辞めた1年半後の2002(平成14)年1月に、自らの経験を踏まえて『役人道入門　理想の官僚を目指して』(中央公論新社)という、ややおどろおどろしい名前の本を著した(18年11月、『役人道入門　組織人のためのメソッド』と改題し、中公新書ラクレから新装版を刊行)。

そこに、公務員として必要な文章の書き方、交渉の仕方、健康の維持の工夫、人事を行う際の考え方やその受け止め方、さらには、むずかしい上司への仕え方など、公務員に役に立つと思われることを書いたのである。

この本を出版してから17年が経過した。公務員を取り巻く状況も大きく変わった。とはいえ、最近報じられている公務員に関する事象については、いくつか感ずるところがある。建設的な議論の参考になればと思い、これらを取り上げることにした。

まず第1は、「官」の実態について、社会の一般的認識が現実とかなり乖離《かいり》しているのではないかということである。方向としては、とにかく「官」が悪い、けしからんとする傾向である。

この理由の一つは、いわゆる「官」が、様々な理由により自己の立場について説明してこなかったからであろうし、そういうチャンスを与えられることが、少なかったからでもあろう。また、権力者を批判することが、一般的に受け入れられ易いからかもしれない。ここでは問題点の指摘にとどめておきたい。

第2は、「政」と「官」とには、「協働関係」と「緊張関係」の2つの側面があるということについての認識が不足していることである。このことが、様々な事例について議論を必要以上に混乱させているように思うし、そもそもこの種の問題の発生にも係わっているのではないかと思うのである。

「協働関係」とは、国の政策の決定、立案にかかる関係である。政治、外交、経済など国の政策は、法律の制定、条約の承認などの形で国会で決定される。この政策決定の過程では、「官」の役割、具体的には各省庁及びその構成員である公務員の役割は、基本的には補助者の立場であり、助言者の立場である。

国の方針を決定する際に参考となる資料を準備したり、いくつかのシナリオを考えて、そのメリット、デメリットを拾い上げ、「政」による決定に参画するのである。またそれまでの長年の経験、蓄積に基づき、特定の政策について自らの意見を述べたりする立場である。

わが国の場合、現実問題として「官」が政策を立案することが多いが、それでも最終決定者は「政」である。何となれば、いかなる政策も法律や予算がないと実行できないからである。法律や予算を議決するのは国会である。その構成員である国会議員は、国民に選ばれた者であるから、最終的には決定者は国民であるということになる。

かくして、この政策の決定に関しては、「政」と「官」とは協調の関係にあり、最終決定権限は「政」にある。そういう意味では「官」は「政」に従属する関係にある。

しかしながら、この従属関係は政策決定に関して、「政」と「官」のそれぞれが組織として従属関係にあるという意味であって、個々の政治家と公務員とがそういう関係にあるわけではない。この点についての認識の不足、あるいは錯覚が時として問題を生じさせているように思う。

■執行機関としての「官」

他方、「官」は行政の執行機関である。行政機関は、政府であれ、県庁であれ、市町村であれ、法令に従い職務を忠実に執行する義務がある。法の下の平等は、近代憲法下の基本的な原則である。個々の行政の執行は相手方が誰であっても、法令に従い平等に行われなければならない。税の徴収、国有地の払い下げ、各種補助金の交付から公立高校の入試などといった幅広い業務についてそうである。

ところで、「政」の構成員である個々の議員は、その選挙民の要望を行政機関に取り次ぐという機能がある。これは多くの場合、陳情という形をとる。時として、自らの陳情もある。

実は、この過程で、「政」と「官」とが緊張関係に立つことが少なくない。陳情する際の「政」の立場は、個々の選挙民のいわば代理であって、政策を決定する権限を有する組織体のメンバーの立場ではない。

ところが、先に述べたような政策決定における「従属関係」が、このような個別の行政の執行に存在するかのような現象が時として現れるのである。少なくとも、私が現役の公務員時代にはそうであった。

そのような錯覚の下における「政」の陳情は、時として相当の迫力があり、気の弱い公務員は、それが不適切と知りつつも、それを受け入れて不適切な決断を下したり、その処理に悩んで精神的に不安定になる者もいた。

もう昔のことであるので、今はさすがにそういうことは行われていないとは思うが、私も三十数年の公務員勤務の間には、強い陳情を何回も繰り返す本人やその関係者から、「これを認めないとあなたの将来にかかわりますよ」と言われたこともあったし、「こうしないと、あなたの役所の法案を国会に提出させませんよ」とすごまれたこともあった。慣例上、政府の法案も与党の同意なしには、国会に提出できないのである。

残念ながら、報じられているように、その本旨を外れる公務員がいることは事実であり、それは厳しく批判されるべきである。

他方、大部分の公務員は、時としてこういう目に会いながらも是は是、非は非として法令の公平な執行に努めたし、今もそうであるはずである。

このように「官」は、その個々の行政の執行において、目に見えない「法の下の平等」という公益を守るために、いろいろと苦労もしている。そうすることは当然のことではあるのだが、このことについて、もう少し世間の理解と支持があってよいように思う。

このような理解と支持なしに、ただ、不祥事が発生するごとに、公務員の矜持《きょうじ》に訴える、それだけで良質な行政を維持しようとすることは難しいのではなかろうか。
（2018年4月19日）

強力な政権の責任――有効な政策の早期実行

■「オレ、よく分からん」

2014（平成26）年12月の衆議院議員選挙では与党が大勝した。政治、外交、経済の分野で、重要な局面にあるわが国において、この強い政治的背景を持った政権の誕生には格別の意味があるように思う。これと決めたことは、しっかりと実行しうるであろうからである。そのため、政策の内容、そしてその適切な政策を決定するためのプロセスが、他の時代に比べて格別に重要なものとなったと言えよう。

私は、長年「霞ヶ関」に身を置いた。1966（昭和41）年に大蔵省に入省し、2000（平成12）年に国土庁を退官するまで、東京を離れたのは3年間だけである。その大部分を国の政策の企画・立案をする仕事に従事した。

大蔵省という仕事柄、若い頃から政治家と接触することも多かった。後半は主に国際部門の仕事をし、海外出張やその準備の段階で、公的にも私的にも大臣と行動をすることが少なくなかった。福田赳夫、大平正芳両氏の謦咳《けいがい》に接し、竹下登、渡辺美智雄、宮澤喜一、林義郎、藤井裕久氏らとともに仕事をした。概ね、現在の国会議員の親御さん世代の人たちである。

そういう体験を通じて感じることがあった。それは、長い目でみると、おそらく1990年代の後半頃以降、政党のいかんを問わず、国政に関与する政治家の考え方が多少変わってきたように感じられる。

その一つは、自分が詳しくない領域の事柄についても、自らの判断で適切な政策を決めうると考える人が増えたのではないかということである。そして、周囲の人もそれが当然だと考えるようになったように思われる。

私が仕えたある大臣は、時折「オレ、このへんのところが良くわからないんだよなあ。教えてくれよ」と多くの宿題を出された。また、あまり大したことではない事項の国際交渉（大臣間の交渉事項の中にも、時として本来閣僚レベルの交渉になじまない事務的なものが含まれていた）の際に、部下に「これ、よくわからんからキミ（私のことではない）やってくれ」と言うこともあった。

渡辺美智雄大蔵大臣から「大臣官房企画官」の辞令を受ける＝1981年7月

藤井裕久大蔵大臣とIMF総会での打ち合わせ。中平幸典財務官と著者（国際金融局審議官）＝1993年9月

自分の得意でない分野の事柄については、自分の疑問点を示し、その道の専門家の意見を聞いて、さらに思考を重ねて判断されていた。「情」の政治家と言われ、その政治力については、多くの人から高く評価された人物であったが、その政策についても、こういう人なら国を誤らせることはないだろうと感じさせるものがあった。

■制度の変更では不十分

もう一つは、政策の手段と目的達成の区分の不明確化である。組織を変えたり、制度を創設するだけで、物事がうまくいくと考える傾向が強くなったのではないかということである。

例えば、２００１（平成13）年1月から実施された省庁再編である。この省庁再編とは、それまでの21省庁体制を現在の13省庁へ組み換えたものである。これは政治の強いリーダーシップの下に幅広い行政改革の一環として実行された。マスコミを含め、世間もこれを高く評価したようであった。

私は当時、国土庁という小さな役所ではあるが、その官房長及び次官として、文字通りこの作業の渦中にあったが、その作業に従事しながら、正直なところ、これは国民を愚弄《ぐろう》するものではないかとすら思ったものである。

本来、行政改革とは、国の業務を縮小し、これに伴い政府をスリム化するものであるはずである。しかし、この時の省庁再編は、政府の業務には手をつけずに省庁の数を減らすだけというものであった。のみならず、「政治主導」の名の下に、各省に副大臣を置き（これはある意味、政務次官の振り替えである）、新たに、それぞれ個室と専用車と秘書官をもつ「大臣政務官」を2、3名置くこととされた。結果として、政治の部分だけが肥大化したのである。

実はこの省庁再編が議論されていた時期は、平成9、10年のバブル崩壊の時期であり、当時としては、こういう組織いじりに走ることなく、その分析と対策に全力を尽すべきであった。結局、その後遺症である長期のデフレは現在も続いている。

わが国は今、その経済の活性化、財政の健全性の回復、デフレ経済からの脱却といった重要な政策課題について正念場にある。

経済面においても、過去の教訓を生かした有効な取り組みが早期になされることを強く期待したい。

（2015年1月8日）

政府関係機関の移転は国家的観点から

■移転の目的は何か

2016（平成28）年3月22日、政府は政府関係機関移転の基本方針を決定した。具体的には、文化庁を全面的に京都に移転し、消費者庁と総務省統計局は移転に向けた検討を進めることとされ、その他23の研修・研究機関が全面又は一部移転することとされた。九州についても、理化学研究所の工業・化学部門を福岡市に移転する等、いくつかの機関の一部の移転が進められることとなった。地方創生がわが国喫緊の課題となっている折から、地方活性化の施策の進展として歓迎したい。

そこで、この施策のさらなる進展に寄与するという観点から2、3の注文をしたい。その第1は、そもそも国の政府関係機関の移転を何故行うかについての考え方を、もう少し整理したらどうかということである。1991（平成3）年、わが国は国会等の移転に関する国会の決議をし、その為の法律に基づき11年末には、首都機能移転の候補地を決定した。具体的には、「栃木、福島地域」と「岐阜、愛知地域」がその候補地であった。

当時、首都機能の移転を図る理由として、①国政全般の改革、②東京一極集中の是正、

③災害対応力の強化、が挙げられている。①の理由はわかりづらいが、首都機能の移転を、行政組織の効率化や地方分権を一層本格的にするといった、国政改革全般にわたる改革の一端として行うということであった。

この、国の立法、行政、司法の機能そのものを東京の外に移そうという計画は、その後動いていない。その理由は、私見によれば、これを推進するだけの財政余力がなく、他方、これを断念することを宣言するだけの政治的エネルギーもないからである。

このかつての壮大な計画と、今回の政府機関の一部移転とを、単純に比較して論じることは慎むべきであるが、今次の「政府機関の移転」に関しては、国家的観点からの考察が極端に薄いことが注目される。

中央の機能の分散それ自体が目的なのか、それとも地方の活性化の手段として行うのか、その目的をより明確にすれば、どの機関を、どこに移転すべきかの決定がもう少し容易になるであろう。

■国の政策は国で

注文の第2は、移転先選定のプロセスを、地方からのイニシアチブによるのではなく、国から移転候補機関及び移転候補先を示す方式に、変更したらどうかということである。

現在は、まず移転してきてほしい政府関係機関名を地方に表明させ、希望が重複した場合には、それぞれの地方に、その対象機関がその機能を果たす為に何故自分の地方がふさわしいかを表明させ、それを比較して、政府が最も相応《ふさわ》しい地方にその移転先を決めるということになっている。

これは誠に不思議な手順であり、また現実的に考えれば、地方にとっては大変重い負担となっている。自らその事務に従事していない地方が、どの政府関係機関がその地方に相応しいかを国家的見地から示すことは容易ではない。

政府関係機関が行うのは国の事務であり、その設置すべき場所の選定をこのように企業誘致と同じ考え方でとらえるのは誤りであろう。今の手順では、プレゼンテーション能力の高い自治体や、時の有力政治家との結びつきの強い地域が、その国家的見地からの適性についての十分な検討なしに選定されるということにもなりかねない。いかがであろうか。

(2016年4月7日)

「省庁再編」回顧――「官」の意見の尊重を

■省みられなかった官の意見

このところ、思わぬ出来事が契機となり、公務員と政治家とのかかわり方、あるいは広く「政」と「官」との関係が関心を集めている。「政治主導」を強化する為に、２０１４（平成26）年に導入された内閣人事局による各省庁の幹部人事の一元化（各省の幹部人事の決定権限を、その大臣から総理官邸に移したもの）を最近、元総理が批判されたという報道もあって、本件について世間の関心がさらに高まりつつある。

率直なところ、もう20年以上にわたって続いている「政治主導」の下に行われてきたこの種の改革が、期待されたほどの成果につながっていない一つの理由は、これらが主として政治の側によるイニシアチブと、それを支持するジャーナリズムの後押しで展開され、その過程で一方の当事者である「官」、すなわち、公務員の意見があまり省みられなかったことに由来するのではないかと考えている。

私は、大蔵省を中心として、34年余りをいわゆる「霞ヶ関」で働いた。最後の３年間は、国土庁において官房長及び事務次官を務めた。

この間、「政治主導」の下に、「政」と「官」にかかわる多くの制度が改正され、あるいは計画された。その一つである「省庁再編」は、まさにこの3年間に検討され、その内容が確定した。

ちなみにこの「省庁再編」とは、先に述べたように、当時23存在した中央政府の省庁を現在の13省庁に再編するというものである。併せて環境庁は「省」に昇格した。同時に、「大臣政務官」の創設等「政」の部分が拡充された。

私が勤務した国土庁は、この「省庁再編」によって独立した存在ではなくなり、建設省、運輸省、北海道開発庁とともに国土交通省となり、現在に至っている。私がここでこの「省庁再編」を特に取り上げるのは、私自身がその当事者の一人であったからである。

この「省庁再編」は異常な改革であったと言っていい。何よりも、何故その「省庁再編」が必要かについて、実質的な理由が、これを主導した政治の側から示されなかった。この「改革」は、その時点での政府の事務をそのままにして、単にその省庁の数を減らすということであった。

通常はこういう場合には、その時点の政府の役割を再検討して、時とともに必要性が低下してきた事務を削減したりするものであるが、それも試みられなかった。

それは世間には、「官」の側の抵抗でそれが出来ないという説明だったかもしれないが、本当のところは、政治が、その為に必要な政治的エネルギーを使わなかったというべきであろう。われわれ「官」に対しては、それを検討する時間がないから、と説明されたと記憶している。

実は、中央省庁の「再編」には、それに伴う名称の表示の書き換え、オフィス移転等のコストがかかる。これも無視出来ない。中央の組織の名前が変わるということは、各地方にあるそれらの下部組織の名称も変わることとなるから、その費用だけでも馬鹿にならないのである。

われわれ（ここでは、この省庁再編を投げかけられた当時の各省庁幹部の大部分というくらいの意味である）は、このような「改革」には消極的であった。

■大きかった負の影響

この改革を推進された総理が、途中で交替した。新しい総理から、「何故この省庁再編が望ましいのか」を説明してほしいとの問いが発せられた。

そこで、集約対象となる省庁の事務次官（11人だったと思う）が総理官邸に集められた。「何故一つの省庁になるのか、その理由とメリットを、それぞれ新しい省庁ごとに一枚のペーパーにまとめて、総理に報告してほしい」というのである。

これに対し、ある次官が思わず「そんなことは、あなたの前任者に聞いてほしいと言いたいですな（われわれは好んで集約しようとしているのではない）」と口走ったと記憶している。これは当時の雰囲気を良く表わしていると言えよう。

残念ながら、こういう声は大きく発せられることもなかったし、その声が紹介されることもほとんどなかった。世間は、むしろ、役所の数を減らすと聞いただけで、これを望ましいととったようであった。

これらの「改革」の総合的な評価を、ここで試みるつもりはないが、結果として行政の質が向上したのか、国会等における政策の議論が深化したのか、そして、その為に不可欠である正確な情報の提供が進んだのかで、その判断は下されるべきだろう。

振り返ってみて、この「省庁再編」は、当時われわれが考えた以上に負の影響をもたらしたように思う。

負の影響の1点目は、この時こそ、わが国のバブル後のあり方を本格的に、より深く検討すべき時期であったことである。バブルが破裂し、わが国の大手の銀行や証券会社が倒産し、金融安定の為の施策が模索されたこの時期の大きな政策課題が、このような「省庁再編」であったとはとても思われないのである。

「政」としては、わが国の知的集団の重要な一部である「官」を、この喫緊のテーマの為にいかに働かせ、その知恵を出させるかが重要な課題だったのではなかろうか。このことは、われわれが現在も悩まされている長期のデフレにも深い関連があるように思う。

2点目は、この「省庁再編」を機に経済企画庁、国土庁といった、現業は持たないが、マクロ経済全体、国土、水資源、土地といった国の重要な基本的な事項を所管する独立した官庁が、消滅したことによる負の影響が意外に大きかったことである。

こうした官庁の消滅の結果、抽象的ではあるが、国のあり方の基本に関する事項についての関心が減少し、国の政策が、当面の景気、災害、地方の過疎化、といった具体的な、目につき易い、かつ目先の事項に、過度に傾斜しつつあるように思う。

併せて、これらの事項の専門家の育成が疎《おろそ》かになっていないか心配である。いずれにしても、全体的に「官」の意見にもう少し耳を傾けることが、より国益に沿う結果をもたらすことになると考えている。

（2017年9月21日）

第2章　回想の政治家たち

国政責任者の迫力（田中角栄）

■課長補佐として本省に

「政」と「官」とに係わる事件を考える時、自らの経験に照らして、何故そういうことになったのか、理解に苦しむ事件もあれば、多分こういうことではないかと推測出来るものもある。

また、この種の事象に関しては、一般的に「役人が悪い」という方向での報道が歓迎される傾向があり、正確な情報が報道されていない可能性や、大事な情報が伝えられていないこともあるのではないかと考えている。

とはいえ、私は公務員を辞めて20年近く経っており、その後、「政」と「官」を律する仕組みもかなり変わったようであるし、政策策定の環境も異なっており、これらについて軽々にコメントすることは、控えるべきであろう。

多分私が今出来ることは、自分がかつて「霞ヶ関」で働いた時に係わったり遭遇したりした事象について、その具体的事実や感じたことを紹介することであろう。そうすることは、今日の「政」と「官」との議論に貢献するのではないか、と考えるからである。そこで、私の係わった「政」と「官」に係わるいくつかの局面を紹介したい。

１９７２（昭和47）年7月、私は1年間の税務署長勤務を終えて、課長補佐として大蔵省の本省に戻った。配属先は主税局国際租税課兼総務課で、担当は海外の租税制度の調査であった。

当時は、入省5、6年目の若手の幹部候補生を地方の税務署長に1〜2年勤務させるのが慣例であり、私も28歳の頃、1カ月のかなり濃密な短期高等税務研修という座学を終えた後、税務署長となった。

この制度は、こういうことをして甘やかすから増長した幹部が育つとか、「バカ殿教育である」といった批判があって、その功罪について十分な検討をすることなく廃止されてしまった。

振り返ってみると、この制度は幹部候補生に対して、若いうちに組織のトップとはいかなるものかを身をもって経験させ、一般納税者、政治家、ジャーナリスト等に責任者として対処する貴重な経験を積ませるものであった。

私は、この時期、政治による行政に対する強い個別介入の試みに遭遇した。

■田中角栄総理の答弁を書く

「霞ヶ関」で課長補佐になるということは、その担当の分野では、当該組織を代表してものが言えるようになると言うことであった。その為、自分の担当分野については、他の誰よりも詳しくなることが求められた。

それは大蔵省で言えば、予算や税、銀行、証券、保険といった所管の分野の行政に責任を持つということをも意味した。

課長補佐の重要な仕事の一つが、上司の国会答弁を作成し、実際にその答弁が行われる際に随行することであった。国会の委員会の質疑の際、答弁者の多くは政府委員である局長であったが、時により大蔵大臣であったり、たまには総理大臣であったりもした。

私はこの主税局国際租税課の課長補佐の時代に、初めて国会答弁、厳密に言えば、国会答弁案というべきであろうものを書いたのである。

それは、大蔵委員会における田中角栄総理大臣の答弁であった。詳しい読者は、予算委員会でもない通常の委員会である大蔵委員会に何故、総理が出席して答弁するのかと思われるであろうが、当時は、税制関連法案の審議最終日には、総理の出席が慣行であった。

質問内容は、やや技術的になるが、「米国では『負の所得税』導入の議論が行われている。日本でもこれを検討したらどうか」というものであった。所得が、ある水準以上の者からは所得税を徴収するが、それ以下の者には、その水準に応じて、逆に政府から金を渡すという制度を作ったらどうかということである。

ただ所得が低いというだけで国から金を渡す、というのはやや乱暴な議論であり、財政当局としては賛成というわけにはいかない。局長からは、まじめな質問であるし、丁寧な答弁を書くようにとの指示があった。

私は「『負の所得税』というのは一つの考えであるが、国から国民への交付金ということであれば、類似の制度として各種の社会保障制度がある。それとの整合性もとる必要がある。種々問題点もあるが検討課題だと思う」といったような趣旨（つまり導入には反対）の答弁とし、これで局長の了承を得、大臣官房文書課のチェックを受けて、その前夜、官邸に届けてもらったのである。

■政治家にしか出来ない答弁

当日、私は主税局長のお伴をして国会に向かった。自分が書いた答弁を使って、総理がどう答えるのか、胸をときめかせていた。

答弁席には総理が、すぐ後ろには主税局長が座っていた。私は、議員の席の後、すなわち真正面から答弁者を見られる位置にいた。

野党の議員からは、予定通りの質問があった。「総理はどう答えられるであろうか」。私は固唾《かたず》を呑んで待った。

質問が終わると、総理は直ちに立ち上がった。手元にあるはずの私の答弁書に一瞥《いちべつ》をくれることもなく、大きな声で答えた。

「私は、身体が悪いとか、病気だとか、理由があって働けずに所得が少ない人に国が金を交付するというのは賛成である。しかしながら、その理由のいかんを問わず、ただ所得が少ないというだけで金を出すなどという惰民《だみん》政策は、たとえ日本の周りの全ての国が採用したとしても、私が総理大臣をしている限りは採用しない」

というものであった。

私の答弁は何の役にも立たなかった。私はがっかりというよりは、拍子抜けした気分であった。ただ、私は直接総理の顔を見、その迫力に接することとなった。

振り返ってみると、これは政治家にしか出来ない答弁であった。「自分が総理をしている間は採用しない」というのは、文字通り、国政の責任者である政治家にしか出来ない答弁であり、役人には書けない答弁である。

また、こういう政策が「惰民政策である」と、それについての価値判断を伴う文章を書くことも、国会の議論に対して中立的な素材を提供すべき公務員のやることではないのである。

些細な出来事であったが、これが私にとって田中角栄総理を間近に見た初めての、そして結局唯一の機会であった。しかしながら、同氏との仕事の上での関係が、これで終わりということではなかった。

（2018年7月19日）

様々なせめぎ合い（田中角栄）

■重量税・ガソリン税の増税

大蔵省の本省に戻って2年目、1973（昭和48）年夏の人事異動で、私は国際租税課から税制第2課の課長補佐に替わった。担当は間接税、具体的には、いわゆる自動車関係諸税及び新しい間接税（当時は、現在一般消費税となっている「付加価値税」が検討されていた）である。

そこで私は、この年度から始まる「第七次道路整備五か年計画」の為の増税を担当することになった。これについては、すでに前年度に閣議了解が行われており、この5年間の道路投資規模を19兆5千億円とすること、及びそれに必要な財源措置については「昭和49年度予算編成時までに所要の検討を行う」こと、とされていた。「所要の検討」とは、その為の増税をするということであった。

やや技術的な話になるが、国の道路建設の為の財源としては、揮発油税と地方道路税という、いわゆるガソリン税などが法律上、道路財源と規定されていた。その他、その税収の約8割を道路の建設に充てるとされていた自動車重量税があった。

増税のポイントは、全体でいくらの増税とするか、そして、そのうち、自動車（自動車重量税）とガソリンの負担割合をどうするかということであった。後者はある意味、自動車業界と石油業界とで、その負担をどう分けあうかという問題である。

予算の議論が始まり、与党の道路調査会はガソリン税を30％引き上げ、自動車重量税を3倍にするという増税案を示した。いわゆる「打ち出し案」と呼ばれるものである。

政府の税制調査会においても熱心に検討が行われ、大蔵省、自治省、建設省、通産省、運輸省、経済企画庁、環境庁等、関係省庁が広くこれにかかわった。この間の税収予測、税制調査会の資料の作成及び他省庁の資料の調整、具体案にいたるまでの議論の収束などが、主税局の役目であった。

その後、われわれ課長補佐レベルの知らないところで、ガソリン税20％引き上げ、自動車重量税を2倍とする、と最終的に決められた。

主税局長は、関係する主な省庁の幹部を集めて、「政治」の結論を伝えた。集まったのは建設省道路局長、通産省産業政策局長、運輸省自動車局長、自治省税務局長であったはずである。建設省は道路を建設する側の、通産省は石油産業及び自動車産業の、運輸省は交通政策の観点から、そして自治省は大蔵省と同様、本件全体の、とくに地方にかかわる分のとりまとめの責任者の立場である。

話のポイントは、「政」の場でこれで今年度の税制改正を進めようということになったので、「官」としては、遺漏ないように対応しようということだった。

■「オレの仕事だ」

われわれは、一方では改正法案の作成を進めるとともに、関係者に対して改正内容について、いわゆる「根廻し」を始めたのである。まずは細部についての意見の収束を図るべく、与党の関係者に説明を開始した。

合意は与党内ですでに出来ていたはずであり、成り行きは順調であった。当時与党内の派閥は、4つか5つに分かれていたが、どこに行って説明をしても、「そうか」という具合であった。

ところが、途中からあるグループが異を唱え始めたのである。先に述べたように、この増税は石油業界及び、自動車業界の負担の調整という側面もあった。説明を受けた議員の中には、率直に「私は油ですから」と、石油業界支持であることを明言する議員もいた。

聞き及んだところによれば、主税局長が状況を田中角栄総理に報告し、これから、先の合意案について理解を得るべく、異論を唱えた与党グループのところに、もう一度説明に出向く旨を告げた。

これに対して、田中総理は、「その必要はない。政治の場で決めたことを実行させるのはオレの仕事である。役人はそういうことをやってはならない」という趣旨のことを述べたという。「政治」のトップがとりまとめた事に反する動きを止めるのは、政治家たる自分の役割であるということである。

その後、与党内で異論を唱える声は聞こえなくなり、予定通り20％増、2倍の増税となった。私がかつて「田中政権もいろいろと言われますが、私の経験によれば、政と官の責任の分担はそれなりに明確だったと思います」と語ったのは、こういうことを踏まえてのことである。

■青函トンネル全額復活

私はその後、税制1課で法人税担当を2年務めた後、主税局を離れ、大臣官房文書課で「法令審査担当」という新設のポストを1年務めた。そして、理財局資金第2課の課長補佐となり、財政投融資の仕事をすることになった。

郵便貯金や簡易保険といった財政上の資金を、政府関係の事業を行う機関に配分する仕事であり、国鉄、電電公社、営団地下鉄等の11機関の担当であった。その一つに鉄道建設公団があった。

それは1978（昭和53）年度予算折衝も相当進んだ頃であったので、おそらく77年の12月初旬の頃の話であろう。予算編成作業も進み、関係者の緊張が高まっていた時期でもあった。

局長がお呼びだというので局長室に伺うと、「オイ、久保田クン、鉄建公団についてはは決着がついたと聞いていたが、こういうのがきたぞ」と一枚の紙を見せられた。その紙には大きな字で、幾つかのことが箇条書きで書かれていた。

その一つに、「一、青函トンネル全額復活のこと」とあり、その紙の末尾には、これはもっと大きな字で「田中角栄」とあった。内容は、当時、鉄建公団で建設中の新幹線用の青函トンネルの工事費の査定額に対する不満である、当初要求通りの金額とせよという、田中前総理からのメモである。

容易ならざる話である。予算編成は相当進んでおり、全額復活の財源はもうないはずである。本件は、鉄建公団ともよく議論をして決めた話であり、そのことについては自信があった。それに、そもそも鉄建公団自身にも、当初要求の全額分を工事する能力があるのかという疑問もある。

とはいえ、相手は与党内で大きな影響力を持つ前総理であり、しかも鉄建公団は、自分が創ったと自負しているはずである。

神経の細い局長であれば、動顛《どうてん》し、担当課長補佐である私に「君は決着がついたと言ったではないか。一体どうなっているんだ」と、怒鳴りつけるところであろう。

ところが、この局長は「調べてくれ」と言うだけで平然としていた。急いで調べてみると、われわれ理財局が先方と一定の合意をした後で、主計局が、その金額をさらに削減しようと試みたことがその原因らしかった。

それで先方は驚いて前総理の所に走ったということらしい。主計局は、工事の額については、その資金の配分の任にある理財局の査定に委せていたが、この年は、この厳しい国鉄の財政状況の下で、理財局の査定は甘い、とさらに削ろうとしたのである。

事情を局長に説明し、当時の理財局の幹部が前総理のところに実情を説明に行き、無事当初の案で決着した。「政」と「官」とのせめぎ合いは様々な形をとって行われていた。

（２０１８年8月23日）

信頼の時代（竹下 登）

■「政」の深さと難しさ

私が本格的な国際会議に初めて関与したのは、国際金融局に課長補佐として戻ってきて未だ1年足らずの時であった。１９８０（昭和55）年6月のベニス・サミットに、竹下登大蔵大臣の末席の随行者として、突然出張を命じられたのである（当時は「ヴェネチア・サミット」とは呼ばず、「ベニス・サミット」と呼んでいた）。

通常、「サミット」と呼ばれているのは、日、米、独（当時は西独）等、世界の主要7カ国の首脳、すなわち首相・大統領の経済に関する会議である。第1次オイルショック後の経済の混乱を受けて、75年に創設されたものであり、その討議内容が経済問題であったことから、大蔵大臣及び外務大臣が随行することになっていた。

このベニス・サミット当時の国際金融情勢は、確かに第2次オイルショックの真っ最中

大臣室で行われた竹下大蔵大臣とマクナマール米財務副長官（左側中央）との会談。右側奥から大場智満財務官、竹下大臣、財務官室長の著者（通訳）。この会談後、竹下大臣―リーガン米財務長官の共同宣言が発表され、「日米円ドル委員会」の設置が決まった＝1983年11月

ではあったが、首脳の間で、為替相場や国際的な資金の流れについて、詳しく議論が行われるような状況ではなかった。何故、円相場や外貨準備の運用、銀行の対外活動に関する政策を担当する短期資金課（現在の為替資金課）の補佐である私が、お伴をすることになったのか、現在もわからない。

　ちょうどこの時期に、わが国では歴史的な選挙が行われ、その為の情報収集や作業の手伝いに役に立つかもしれないといった考慮もあったかもしれない。私はそれまで、竹下大臣とは仕事上の関係はなく、これが同大臣との最初の接触の機会であり、文字通り初めて、その謦咳《けいがい》に接したのである。

ところが、それから3年後の83年7月、財務官室長に就任して以降、親しく仕えることになった。

84年のロンドン・サミットの準備及びそれへの随行、ワシントンにおけるＩＭＦ（国際通貨基金）総会のお手伝い、同年2月の「日米円ドル委員会」のハイライトともいうべき竹下大臣と米国のリーガン財務長官との一時間半にわたる激しいやりとりの通訳は、財務官室長時代のことである。

同年7月に国際機構課長になってからは、わが国が主催国となった85年の東京サミットで、蔵相会議の議長としての竹下大臣の補助と通訳を務めた。大臣在任中は、半分は公務といった程度の仕事の手伝いをしたこともあった。

そして、86年7月に大蔵大臣を辞めてからも、時々顔を出すように言われ、折をみては訪ね、いろいろと話をし、大臣の質問に答えたりした。

そのような際には、かつて仕えた頃の昔話に花が咲くことが多かったし、また、当時は聞きたくても出来なかった事について、あらためて質問させていただいたこともあった。大臣が自ら進んで話をされることもあった。

こういう付き合いの中で、かつて2年ほど中学校で英語の教師をされ、その後数年間の県会議員を経て国会議員になった竹下大臣が、その仕事を通じて、次第に国際部門にも詳しくなり、その方面に自信をつけていかれるプロセスを見ることが出来た。

同時に、その言動を通じて、政治家としての心づかいや戦略、あるいは「官」とは異なる「政」の深さ、難しさを観察することも出来た。振り返って、われわれは「政」と「官」とが、行政について目的を共有し、それを目指して努力した信頼の時代を生きていたのではないかと思うのである。

■衆参ダブル選挙

1980年6月のベニス・サミットは、同年に内閣不信任案が可決され、大平正芳総理が、内閣総辞職ではなく衆院解散を選択したことに伴う、いわゆる「衆・参ダブル選挙」の時期に開かれた。しかも、その選挙戦中に、大平総理が急逝されたのである。

そこで、首脳が存在しないわが国は、大来佐武郎外務大臣が総理大臣臨時代理の資格で団長を務め、これに竹下大蔵大臣が加わるという布陣で臨んだ。そして、このサミット期間中に、その投票及び開票が行われた。

若くして内閣官房副長官を経験し、その後、党全国組織委員長等を歴任した竹下大臣は、この時期、すでに党の選挙の専門家という評価を得ていて、自身もこの選挙に深く係わっていた。

現地では、日本の選挙結果の動向を早く知る為の工夫がなされていた。大臣のスイートルームには、どこかの骨董《こっとう》品店から見つけ出してきたような、ラッパ状の上向きのスピーカーが備えつけられており、これを通じてＮＨＫラジオ第1放送の選挙速報が流れていた。

大臣は椅子に座ることなく、立ちっ放しでこの声に耳を傾け、選挙区ごとに、「良くやっている」とか「意外に苦戦しとるなぁ」などとコメントし、折に触れ、その選挙区の特性について、われわれに解説された。

周知の通り、この選挙では与党・自民党が大勝したが、このことはサミットの大蔵大臣会合の中でも大きな話題となったようであった。

各国の大臣から、「羨《うらや》ましい」とか、「どうしたらそんなに勝てるのか、秘策を教えてほしい」とか、「勝ち過ぎたようだから、その一部を自分の党に分けてくれないか」とか言われたと言って、大臣も大変喜んでいた。

私は後年、課長補佐ではなく、より高いレベルで国際金融政策に係わることになり、総理や大臣が出席される国家間の会合に、より深く関与することとなった。そこで気がついたことは、政治家には政治家同士の、国境を越えた共通の話、さらには共通の感性ともいうべきものがあるらしいということであった。

選挙制度やその仕組み、その結果に対する格別の関心、国際会議の際にも忘れない自国の政治家仲間に対する配慮、当該会議における自己の立場を反映したエネルギーの注ぎ方（例えばサミットは所詮、総理や大統領といった首脳の会合であり、ナンバーツーである大蔵大臣にとっては、あまり力が入らない傾向があった）、交渉相手である先方の大臣の能力や政治的将来性についての嗅覚等である。

そして、これらを通じて、相手国の政治家について判断を行い、それに従ったその後の付き合いの濃淡があるらしいということである。その関係は時として、国家間の交渉にも影響を与えた。

公務員の間に、国境を越えた「官」の共通の価値観や物の見方があるのと同様に、「政」には「政」のそれがあるらしい。ここまで書いて、私は次の歌を思い出した。

幼きは幼きどち（同士）のものがたり　葡萄《ぶどう》のかげに　月かたぶきぬ

（佐佐木信綱）

この歌の表現を借りれば、「政」には「政」の、「官」には「官」の物語りがあったのである。

（2018年12月24日）

国際派の教養と知性（宮澤喜一）

■国際会議に随行

1979（昭和54）年夏、理財局資金2課で財政投融資を2年間担当した後、私は国際金融局短期資金課の課長補佐となった。国際金融局は、大蔵省に入省後最初に配属された所であり、本来の場所に戻ったという感覚であった。

当時、本省の課長補佐の仕事は消耗が激しく、大体5、6年務めるものであったが、私は結局、課長補佐ポストを都合10年間務めることになった。

ここまでの7年は、主税局、大臣官房文書課、理財局と、いわゆる国内畑であったが、これ以降、国際畑を歩むこととなり、その中で多くの大蔵大臣と接点を持つこととなった。竹下登、宮澤喜一、橋本龍太郎、林義郎、藤井裕久といった人々である。

この中で、国際派という意味では、何といっても宮澤大臣である。1986（昭和61）年7月に大蔵大臣に就任された同大臣は、88年12月、その政務の秘書官のリクルート株に関する国会答弁で辞任された。

宮澤大蔵大臣と。著者が副財務官時代、ヴェネチア・サミット、トロント・サミットやG５、G７に随行した＝2001年12月頃、宮澤事務所で

私は、その間の大部分、すなわち86年6月から88年6月まで、当時は課長ポストであった副財務官を務め、ほとんどのG５及びG７に大臣に随行し、その会議に陪席した。それは、大蔵大臣とともにそれらに出席される澄田智日銀総裁の通訳としてであった。

また、ヴェネチア・サミット及びトロント・サミットの際の蔵相会議には、宮澤大臣の通訳として出席した。英語に不自由のない宮澤大臣に、英語の「通訳」というのも変な話であるが、そのような名目で私は大臣会議にお伴をし、そのメモ取りを仰せつかったのである。会議終了後、その内容を大臣に代わって役所の関係者にブリーフするのが、私の役割であった。

一般的に、大臣の方々は、海外では同行の役人に対してリラックスされる傾向にあるが、特に課長クラスの役人に対してはそうであった。私の場合は、副財務官という課長クラスであって、しかも国際部門での相手という立場であったので、大臣方には比較的リラックスして応じていただいたようであった。

相手が、例えば次官となれば事務方のトップであり、大臣方も「政」のトップという立場を意識される傾向があり、局長や審議官に対しても、ご本人の性格にもよるが、多少警戒される雰囲気が感じられた。

宮澤大臣については、国内政治家としては様々な評価があり得ようが、国際部門での活躍については、異論をさしはさむ余地はないであろう。同大臣の国際面での活躍を語る時、その抜群の英語力に焦点が当てられることが多い。

だが、ともに仕事をした「官」の立場から言えば、同時にこの大臣が世界一流の人物に決して引けをとらない、あるいはそれを圧倒するだけの教養と知性の持主であったこと、そして何よりも、相手方である欧米先進諸国のリーダーたちに対して、いささかのコンプレックスも抱いていなかったことが印象に残った。実に頼もしい大臣であった。

■『タイム』誌の言葉

宮澤大臣の愛読誌の一つは、週刊誌『タイム』であった。海外に出張される時に随行する秘書官の仕事の一つは、新しい号が出た際に、現地でその新刊の『タイム』誌を調達することであった。大臣は、日本からアメリカやヨーロッパに出張される飛行機の中で、寛いだ格好でこれを読んでいた。

ある時、外国人との話の中で、「horrendous」という言葉を使われた。私も当時良く知らなかった言葉であるが、「とても恐ろしい」という形容詞である。このような難しい言葉を、外国人との会話の中にさし挟むとは、さすがは宮澤大臣だと思った。

ところが、その時期に出たばかりの『タイム』誌の主要記事の中に、この言葉が使ってあったのである。おそらく大臣は、この記事を読んで、この言葉を自分のものにしようとして意図的に使われたのであろうと考えた。実は私も『タイム』誌を継続的に読んでおり、その少し前の同誌の主要記事の中に、この言葉があったのを知っていたのである。

私は財務官室長になった頃から毎週、この雑誌を読んでいた。それは、何とかアメリカ英語をものにしたいと思ったからである。今後は米国人との接触が増えるだろうから、次はアメリカ英語をと思ったのである。

それというのも、私は2年間のオックスフォード大学留学でイギリス英語、それもいわゆるオックスブリッジの英語については、かなりの程度習熟し、彼らとほぼ同じリズムで会話をすることが出来る程度になっていた。

ところが、アメリカ英語のマスターには失敗した。行き着いた結論は、米国固有の熟語、表現法はあるが、オックスブリッジの英語に対応するようなスタンダードな「アメリカ英語」は存在しないらしい。あるのは、例えば、キッシンジャーにはキッシンジャーの、ヴォルカーにはヴォルカーのといった、個々の人物の英語だけらしいということであった。

元の話に戻ると、宮澤大臣は「acquiesce」（不本意ながら黙認する）という言葉も一時積極的に使われた。おそらく同じ趣旨からであろう。

■「クン」と「サン」

英語について、宮澤大臣はいくつになっても努力しておられたようであった。私は大臣としてお仕えしなくなってからも時折、ご挨拶にうかがった。

ある時、「久保田サンは、どうやって英語の実力を保っておられますか」と聞かれた。気楽な話の時には「久保田クン」であり、真面目な時には「久保田サン」であった。

英語について、宮澤大臣にお答えすべき格別のものがあるはずもなく、私は逆に「総理はどうしておられますか」と尋ね返した。

この時はもう総理を辞められていたが、われわれはいつも「総理」と話しかけていた。総理の答えは、少なくとも週1回は英語で会話する機会を作るようにしているということであった。

この時代、宮澤大臣の相手方は、ジム・ベーカー財務長官（アメリカ）、ナイジェル・ローソン蔵相（イギリス）、シュトルテンベルグ蔵相（ドイツ）であり、フランスは、バラデュール、その後ベレゴヴォア蔵相であった。IMF専務理事は、ドラロジェール、後にカムドシュ（ともにフランス人）であったように思う。

このうち、宮澤大臣は米国のベーカー財務長官とは文字通り、「ケミストリーを共有」していたようであった。G5（5カ国蔵相・中央銀行総裁会合）において、他の蔵相が長々と話している時には、つまらなさそうな顔をし、時には無視するようなことがあったベーカー長官も、宮澤大臣の厳しい話に対しては、キッと目を見開いて、「キイチ」と真剣な顔をして対応していた。

他方、英国のローソン蔵相とはソリが合わなかったようであり、先方は宮澤大臣に対して意地悪な発言をすることがあった。そのような会合が終わったある時、大臣は私に向かって「久保田クン、イギリス人はイヤなことを言うよなー」とおっしゃった。

お前も同類ではないかという趣旨かと思わないでもなかったが、むしろ、かつて英国にドップリ漬かったキミならわかるだろうという意味だと解釈した。いずれにしても宮澤大臣は米国派であった。

（2018年9月20日）

心くばり（竹下登）

■駕籠に乗る人

竹下登大蔵大臣は、仕事の合間やリラックスされた時に、われわれ役人を相手に様々な事例を引きながら、自らの考えを披露された。その一つに、「駕籠《かご》に乗る人　担《かつ》ぐ人　そのまた草鞋《ぞうり》を作る人」というのがあった。

人にはそれぞれの役割がある、それらはいくら軽そうに見えるものでも大切である、目的の達成のためにはそれぞれが十分に機能している必要がある、という意味であろうか。そして、だから誰の仕事も十分評価しなければならないし、誰に対しても感謝の念をもって対処しなければならない、という理解になる。

また、「汗は自分で掻《か》きましょう、手柄は人に与えましょう」というのもあった。そして、これを自ら実行しておられた。いろいろとご自身で根回しをし、仕事をしてもそのことを表に出さず、うまくいくと、同様の宿題を与えていた同僚や部下に対して「有難う。君のおかげでうまくいった」という風に対応されるのである。

さすが「情の政治家」と言われ、人事に長けていると言われるだけの政治家であると思った。ただ、その仕事をしたのは竹下大臣ご自身であるということが、どこかでわかるように工夫されているのではないかと感じることもあった。

■相手への思いやり

相手に対する思いやりということについては、部下である「官」に対しても同様であった。ある時、竹下大臣は次のような話をされた。

大臣室で大人数の会議をやる時には、大体結論についてはすでに方向性が定まっており、論争になるようなことは少ない。その場合、自分の仕事の一つは、この会議に出席している局長、審議官、課長たちのうち、最も汗を掻いた者が誰かを探り、その人物に対して大勢の前でねぎらうことである。

案件の説明を聞いていると、この出席者のうち誰が一番働いたか、これはすぐにわかる。これは簡単だ。そこで自分の次の仕事は、この汗を掻いたと思われる人物に質問をすることである。

しかし、どういう質問をするか、これが難しい。もし、聞かれた当人が自分の質問に答えられなければ、この人は大臣の質問に答えられなかったということで、満座の中で恥をかくことになる。せっかく、花をもたせてやろうとしたことがあだになってしまう。

そこで、この人物が答えられそうな、しかも、それなりの質問が何であるかを考えること、これが難しいんだ、という風なことであった。

■国際的にも存在感

私は国際関係の仕事をしている者として、竹下大臣が時とともに国際分野に慣れ、自信を持ち、存在感を増していく過程を見ることになった。

それまで国際関係に深く係わってこなかった竹下大臣は当初、例えばＩＭＦ（国際通貨基金）総会の演説や外国の大臣との面会では、かなり緊張していたようであった。ところが、経験を積むにつれ、次第に自信を持つようになった。

その理由の一つは、多くの場合、相手である大臣も行政のトップではあるが、同時に政治家であることに気づかれたことではないかと思われた。政治家であるということであれば、竹下大臣はその経歴も長く、党の要職の経験も多い。会談の冒頭付近で、「ところであなたは国会議員を何年やっておられますか」と聞くことが多くなった。たいてい相手よりも竹下大臣の経歴の方が長かった。「そうですか。実は私は○○年やっていますが」という具合である。

数々の外国人との面会、日本代表としての国際会議での演説、東京サミットにおける大蔵大臣会議の議長、外国との交渉を経て、国際面での自信と実力をつけ、先方との信頼関係を築いていった。

国際面でも竹下大臣らしさが見られた。外国人に対する気配りである。相手にどういうことを言って喜ばせようか、当人にふさわしい話題は何だろうか、それを前もって思案され、われわれに相談することもあった。

相手は、あるヨーロッパの大国。大蔵大臣同士の会議の時である。１９８６年の東京サミットの少し前のことであったと思う。

主催国の大蔵大臣への挨拶も兼ねて、先方が来日した。面会の時のテーマは、事前に事務当局同士である程度調整するのが常である。その際、先方がある極めて技術的なことを採り上げたいと言ってきた。ＯＤＡ（政府開発援助）の計算をする為の借款の割引率（各国とも一律５％）と、輸出信用供与のガイドラインの計算に用いる割引率（各国の市場レート）が異なっているのはおかしい、これを同じものにすべきである、という内容であった。

目的が違えば、計算方式が異なってもおかしくないし、交渉のレベルとしては課長クラスのテーマである。わが方は事前の協議で、こういう細かいことを大臣同士の会合でやるのはいかがかと主張したが、先方は大臣のたっての希望であるというので、採り上げることになった。

当日、やはり相手国の大臣はこの問題に言及した。そして、身ぶり、手ぶりを交え、何故この両者が異なることがおかしいかを、熱心に説明した。

竹下大臣は先方の説明が終わると、自らは答えずに財務官の方を振り向かれ、「すまんが大場チャン（当時は大場智満財務官であった）、これ、君がやって（交渉して）くれんか。オレは何遍聞いても、この話はよくわからないんだ」と日本語で言われた。この会話を、テーブルの向こう側に座っていた日本語のわかる相手国の東京駐在の参事官は、聞き逃さなかったようである。

翌日の朝、私の交渉相手であったこの参事官から電話がかかってきた。「ミスター久保田、昨日の会合で私は竹下大臣が好きになった。君たちは正直な良い大臣を持って幸せだなあ。実は、うちの大臣も、あれほど熱心に主張したけれども、内容は少しも理解していなかったんだ」

想像するに、相手国の大臣も、そのような主張をもっている政治家に頼まれて発言したのであろう。われわれは電話越しに大笑いした。国境を超えた「官」の物語の一つである。

（2019年2月25日）

消費税の導入（宮澤喜一）

■二人の大蔵大臣

1980年代の竹下登、宮澤喜一という2人の大蔵大臣を語る場合に、消費税の導入について触れないわけにはいくまい。この時代のわが国の経済政策及び政治の大きなテーマが、懸案の消費税をいかに導入するかということであったからである。

88（昭和63）年12月、竹下内閣の下で消費税法案が遂に成立した。この種の、幅広い支出について一般的に課税する、いわゆる一般消費税の検討は、71（昭和46）年の政府税制調査会で答申されており、その導入は長年の課題であった。

この時までに、この新税の導入を巡って2つの内閣が倒れていたはずである。今回の法案の成立もスムーズに行ったわけではなく、その秘書のリクルート事件に関する責任を追及された宮澤大蔵大臣の辞任と引き換えであった。

当時、世間は、これで同大臣の政治生命は終わったと考えた。私もそう思った。ご自身も後日「『これでおれも終わったな』。蔵相を辞めた時、私はこう観念した」（「私の履歴書」日本経済新聞社、２００６年4月23日付）と回顧している。

私はその直前の2年間、宮澤大蔵大臣の下で副財務官として仕えた。そこで、この稀代の英才政治家の国際部門での事績を残しておこうと、手元の記録、自らの記憶をもとに、私がお手伝いをした宮澤大臣の国際交渉について、メモをまとめたのである。

幸いにもこの文書は後年、『証言・宮澤第一次（１９８６—１９８８）通貨外交』（２００８年、西日本新聞社）として刊行された。

この消費税導入の一連の経緯は、増税、しかも新税の導入という最も政治的に難しい経済政策であった。これは、長年の国益の模索、それを巡る「政」と「官」との対話と、その底にある信頼関係を示すものでもあった。

また、わが国の政策の責任者たちが、当面の苦難を伴う施策を、多くの障壁に直面しながら、長期的目的の達成の為にいかに努力したかを示す貴重な例であるように思う。

ただ、当時国際部門の仕事に従事していた私は、消費税導入という国内の、しかも政治を伴う案件の成り行きについて、第三者に客観的に記述し得る立場にあるとは思われない。

■「政」と「官」一体の追求

そこで、すでに亡くなられた方ではあるが、この消費税導入の際に、「官」の最高責任者であった当時の大蔵省主税局長から、私がいただいた手紙の一部を引用して、その状況を紹介したい。ご本人にその引用の可否をお尋ねすれば、きっと同意されたに違いないことを確信しつつ……。

ちなみに、私の大蔵省の課長補佐生活の最初の4年間は、主税局であった。その間、1973年4月からのイギリスにおける付加価値税導入調査の為の6カ月間の同国出張（私も消費税導入の遠い関係者である）があり、さらに自動車重量税及びガソリン税の増税、法人税を中心とした租税特別措置の大幅整理を行った。

その時以降、いろいろとご指導をいただいた主税局長である。この手紙は、先に紹介した『証言・宮澤通貨外交』をお送りした際に、そのお礼の手紙としていただいたものである。2008年8月16日付となっている。

《宮沢喜一先生に直接御指導を受けるようになったのは昭和六十年六月に主税局長に就任した時からです。先生は自民党の総務会長をしておられたので、重要な案件は、全て宮沢先生への事前説明が必要でした。先生は、じっと聴いておられて「なるほどそういうことですね」と仰るのが常でした。

一年後、昭和六一年七月に大蔵大臣に就任されました。同日選挙直後です。中曽根内閣は、税制改革を持ち出しつつも、選挙前は、所得税、法人税減税を取り上げ、財源、新間接税等は、全て選挙後という大方針を建てていたので、新大蔵大臣は大変でした。

税制改革案は、所得税、法人税の減税、売上税の創設で取りまとめられ、昭和六二年二月の国会に提出されましたが、国会は、選挙公約違反であるとして全く相手にせず、税に限らず全ての審議は長期にわたってストップしてしまいました。ルーブル合意の際（筆者注、昭和62年2月）は、国会を心配されて、金曜日の夜遅く成田を発たれました。国会空転は四月まで続き、衆議院議長斡旋により売上税は廃案となりました。

中曽根内閣は退陣して昭和六二年十一月に竹下内閣が発足しましたが、宮沢大臣は続投され、税制改革を続行されました。消費税を中核とする税制改革案は昭和六三年六月に取りまとめられました。与党首脳部を始めとする関係方面の根回しには、あまた、宮沢大臣にお願いしましたが、「何とも私の最も苦手とする、最も私に似つかわしくない仕事ですわなあ」と漏らされながら、幅広く御尽力いただきました。おかげで、売上税では与党の結束の乱れがありましたが、消費税ではそういうことはありませんでした。

法案は七月に国会に提出され、審議は淡々と進められました。そこへ出てきたのが、リクルート事件です。

（筆者注、宮澤大臣がリクルートコスモスの株を秘書名義で取引したと報じられ、実態を知らなかった同大臣が秘書の言に従い「知らない」と答弁したが、事実でなかったことが判明、野党はこの事件を追及することで法案をつぶそうと、消費税導入の責任者である蔵相を厳しく攻め立てたのである）

十二月九日には、遂に宮沢大臣が辞任されました。このとき、竹下総理は、後任の大蔵大臣を任命されず、自ら兼務することとなり、主税局長である私に、「二人で一緒に頑張ってやろう」と言われました。後日漏れ伝わるところでは、ここで後任大臣を発令すると、その人が税制改革完成時の大蔵大臣になってしまって宮沢大臣に申し訳ないからであるとのことでした。消費税創設を含む税制改革案は、半月後の十二月二十四日に成立し、その日に村山達雄議員が大臣に発令されました。税制改革をやった大蔵大臣は宮沢大臣だったと言ってよろしいと思います。それにつけても、十二月九日の夕方、大臣室で御挨拶した時の残念そうなお顔は忘れられません》

一方、この時の竹下総理について、宮澤大蔵大臣は、先の「私の履歴書」（２００６年4月24日付）で、次のように書いている。

《竹下さんは蔵相経験が長いが、大蔵省のことにあまり口出しはしなかった。竹下内閣の最大の課題は消費税の創設である。竹下派は国会対策に長けている。竹下さんが本気で実現しようと思ったから、導入することができたと言えるだろう》

これ以上、つけ加えることはない。往時の「政」と「官」との関係、両者一体となった国益の追求は、かくの如きものであった。

（２０１９年４月１日）

第3章　プラザ合意

プラザ合意とバブルの正しい認識を

■正確な事実を残す必要性

2015（平成27）年は、戦後70年ということで、政治、経済、外交等、多くの分野で、回顧とその評価、そしてその将来への教訓が議論された。

戦後の廃虚から、不正確ではあったが「ジャパン・アズ・ナンバー・ワン」と言われるまでの経済発展に成功し、その後バブルの発生、そして世に例のない長期のデフレを経験したわが国経済についても、これを正しく評価し、将来に備えることは、有益なことだと思う。

その為には、このようなダイナミックな事象を経験した個々人が、それが全体の一部に過ぎないことであったとしても、自ら関与した事象についての事実を正確に書き連ね、正直な所感を残すことが必要であろう。

さもなければ現在、われわれが一部の分野で経験しているように、事象に直接かかわらなかった後世の人々によって声高に主張された考えを反映した、不正確な「歴史」が作り上げられる恐れがある。

そのような観点から、私自身が政策当局者の一人として関与した「プラザ合意」に象徴されるわが国と主要国との政策協調と、その一環としての側面をもつわが国の拡張的マクロ政策、特に金融政策について、その所感を残しておくことは意味があると考える。

この長期にわたる複雑な経済事象にいたる経緯を、簡単に紹介するのは難しいが、大まかな展開は次の通りである。

■輸出主導の経済成長

第二次大戦後、わが国は驚異的な経済発展を遂げたが、それは大雑把に言えば米国を主たる市場とする輸出に先導されたものであった。わが国の高い生産性の伸びと固定為替相場制の下で、わが国の輸出は拡大を続け、貿易収支は赤字から黒字へ、次いでこれにサービス収支を加えた経常収支も赤字から黒字へと転換し、それらの黒字幅は年々拡大、ついにはその規模は国際的にも大きなものとなった。

他方、これとは裏腹に、米国は恒常的に貿易収支、そしてそれに伴われて経常収支がともに赤字であり、その赤字幅は、同国の経済成長を優先させたマクロ経済政策もあり、年々大きなものとなった。

このような主要国間の大幅な国際収支不均衡の是正が、世界的な課題となったことを踏まえ、その是正を赤字国である米国と、黒字国である日本や西ドイツが、どう負担するかが世界の重要な政策課題となった。

その中で、日本は1985年9月、「プラザ合意」で、同様の状況にあった西ドイツとともに、自国通貨（円及び西独マルク）高の受容及び内需拡大策に合意したのである。

この「プラザ合意」の効能は著しかった。合意直前に1ドル238円であった円は、著しい勢いで上昇を続け、約10カ月後の86年7月頃には155円近辺となった。

危機感を持って登場した新しい大蔵大臣（宮澤喜一氏）は、その後の日米2国間協議、及び87年2月の「ルーブル合意」を始めとするG5・G7諸国間の政策協調の過程で、一層の円高を抑制し回避することを目指して、財政支出の拡大と、公定歩合引き下げを中心とする金融政策を実施することとなったのである。

■全体を把えた評価を

このような背景の下で採られたマクロ経済政策、特に金融政策について、「わが国のプラザ合意への参画、政策協調下の累次の公定歩合の引き下げが、後年のバブルの原因となり、適切ではなかった」といった風潮の議論が、最近強く行われている。

例えば当時、中央銀行の主として国内政策を担当したと思われる要職者の「今だから言える」類のエピソードとして、こういう措置には反対だったし、間違いであったという発言が紹介されている。

正直なところ、現実にこれらの政策に関わった者として、私はこの考えには相当の違和感を覚える。

金融政策を含め、一国のマクロ経済政策を決定する際には、国内のみならず、国際要因も考慮すべきことは当然である。世界経済が一体化する中、その対応によっては、わが国自身に直接跳ね返ってくるし、また、そうでなくとも世界経済に大きな影響を与える国の場合には、ある程度やむを得ないところである。

同様に、金融政策を含めマクロ経済政策を決定する際には、物価や金利、金融市場といった金融面の事象のみならず、景気や雇用情勢、さらには景気を大きく左右する貿易動向といった実態経済を考慮すべきことも当然である。そもそも、実態経済の向上の為の手段の一つが金融政策だからである。

■プラザ合意の背景

具体的な政策を企画し、実施する者の立場から言えば、個々の政策の評価は、それが採られなかったならばどういうことになったか、との比較からもなされねばならない。当時は、米国において自動車を中心としてわが国の主要産業、産品に対しての敵愾心《てきがい》が強く、公衆の面前でわが国自動車の破壊行為が行われたりしていた。

業界の政治力が強い米国では、常識的に考えるといかがなものかと思われる鋭角的な立法が、種々の例に見られるように、いとも簡単に行われるのである。まして、その対象が日本ともなればなおさらである。

個々の政策措置に欠点のないものはなく、現実の政策の選択は、結局はそれぞれの政策措置の総合的なメリット、デメリットを比較して、決定しなければならないのである。

経済政策は、内外の経済的政治的社会的要因を総合的に勘案して立案される。実際に国の総合的なマクロ経済政策の企画立案に参画する経験の少なかった人が、当時の金融政策を、その後のバブル発生との関連でのみとらえ、その是非を評価することはやむを得ないところではある。しかしながら、それがこの時代についての〝正しい歴史認識〟として後世に残されると困るのである。

この間の政策が、種々の要因と相まって、その後のバブル発生と深い関連があることは紛れもない事実である。問題なのは、「プラザ合意」や金融緩和策そのものではなく、むしろ、その後生じることとなった事象の分析力、その進展の結果生ずるであろう将来の事態の洞察力、そして、それに応じた大胆機敏な具体策の策定力、そうしたものの欠如ではなかったかと考えている。

そして、これらは「失われた20年」と言われる異常なデフレをもたらした要因と同じものではなかったかと疑うのである。

（2015年6月25日）

プラザ合意

■円高の劇的な進展

1986〜88年の宮澤大蔵大臣の最大の問題意識は、前年、すなわち85年の「プラザ合意」以降の急激な円高にどう対処するかだったと言って間違いない。

「G5」と呼ばれている日、米、独（当時は西独）、仏、英の蔵相・中央銀行総裁会議の存在は、それまで公にされていなかった。それが、このニューヨークのプラザホテルでの会合によって公になった。そうなった理由は、この会合を世間に強く印象づけようとする主催国・米国の意図と言われている。

そこで公表された「プラザ合意」は、当時の外国為替市場にとって、格別の意義があった。この合意により、米国のドル高政策が公に放棄され（米国のドル政策の180度の転換である）、主要国が「非米ドル通貨の秩序ある上昇」、すなわち「ドル安」を協調して目指すこと、そのため、この5カ国がそれに沿ったマクロ経済政策を採用すること、並びにその実現の為に、外国為替市場に関係国が介入することとされたのである。

ドル安の相手通貨は、日本の円及び西独マルクであったが、より注目されたのは円であった。この合意の効果は、世間の多くの予想に反して劇的なものであり、関係者の予想をも越えた。

特に円の対ドル上昇は激しく、先に述べたように、合意直前には1ドル238円であったが、85年の年末には200円前後に、東京サミットが行われた86年5月には170円になり、宮澤大臣が就任した同年6月以降も上昇を続け、夏には150円台となったのである。円は1年足らずのうちに30数%も切り上がった。

■円高受容と円高阻止に参画

この間、すなわち85年夏から86年夏までの大蔵省のいわば〝竹下政権〟時代、私は先進国首脳会議（いわゆるサミット）や、G5をとりまとめる国際金融局の国際機構課長のポストにあった。

外務省と大蔵省が担当するサミット（国際的には「経済サミット」と呼ばれている）の主催国は、7年に1度廻ってきたが、86年は日本の番であり、私はこの年5月の東京サミットの大蔵省の担当課長であった。

86年6月には、代わって宮澤大蔵大臣が就任され、大蔵省は〝宮澤政権〟となった。竹下大蔵大臣は「プラザ合意」に参画し、それを実施した大臣であり、後任の宮澤大臣は、「プラザ合意」後の円相場の急上昇に疑問を呈し、その流れを変える政策を推進した大臣であった。

この大臣交代とほぼ同じ時期に、大蔵省の国際部門のトップの交代があった。竹下大蔵大臣とともに「プラザ合意」を進めた財務官は退官し、宮澤大蔵大臣は新しい財務官と組むこととなった。

そして私も、この夏、1年務めた国際機構課長から副財務官となり、この新しいチームの一員となった。ただ私は、ある意味で前のチーム、すなわち竹下大臣のチームの一員でもあった。国際金融局の国際機構課長という立場で、ヴェネチア・サミットやＩＭＦ総会などで竹下大臣のお伴をし、それらの準備会議に出席する財務官のお伴もした。

そんな立場であったので、それらの会合や準備会合の合間に、当時の〝竹下政権〟下の財務官や副財務官が、主要国と何やら秘かに作業をしていること（それは「プラザ合意」

の準備であることが後日判明した）を知っていた。

また、プラザ合意後の初のサミットである86年5月の東京サミットでは、担当の課長として、当時の中曽根総理や竹下大蔵大臣の国際金融政策に関する発言や応答内容を準備する立場にあった。

日本にとって、このサミットでの大きな主張のひとつは、進み過ぎる円高が、いかにわが国に打撃を与えているかを訴え、もう円高（ドル安）はこれで打ち止めにしたいというものであった。

この東京サミット時の関係国大蔵大臣会合では、その議長である竹下大臣の通訳でもあった。かくして私は、竹下大臣の下における円高受容及び進展期と、次の宮澤大臣の下における円高防止の時期の双方に係わったのである。

■「円高」の深刻さ

この期の宮澤大蔵大臣の経済政策は、わが国に深刻な影響を与えつつある円高の進展をいかに防止するかが中心であった。大臣は、就任早々からその政策の直接の相手方である米国のベーカー財務長官との直接会談を企図され、86年9月にようやくそれが実現した。

そこで、円高についての自らの懸念を率直に伝えて、将来の方向性について議論した。

東京サミットの２日後、竹下大蔵大臣と。前列右隣が著者（国際機構課長）＝1986年5月8日

ヴェネチア・サミット時の政府特別機にて。前列左から森昭治国際機構課長、中曽根総理、後列左から黒田東彦大臣官房参事長、著者（副財務官）＝1987年6月

その会議を踏まえて、10月31日には、わが国の拡張的財政金融政策と引き換えに、円高の対ドル上昇の停止について合意した。これが、いわゆる「宮澤・ベーカー共同宣言」である。

そして翌87年2月、この日米間の合意をG5諸国の合意とした「ルーブル合意」が推進されたのである。私は副財務官として、「宮澤・ベーカー共同宣言」の草案の作成、「ルーブル合意」への「通訳」としての出席等の形で、このプロセスに濃密に参画した。

宮澤大臣のこの動きは、当時異常なスピードで進みつつあった円高が、産業界に深刻な影響を与えつつあったことに対応したものである、というのが一般的な評価である。しかし、この説明は十分ではないかもしれない。

何故なら、当時は有力な政治家なら誰でも、産業界からその円高の悪影響についての説明や陳情を受けていたはずだからである。その中で宮澤大臣は、この円高の経済的意味、すなわち、それが国際的貿易やサービス取引の価格の調整であること、従って、そのもたらす影響が、一般に理解されている以上に深刻かつ長期的であるはずだということを、理解していたからではなかろうかと考えている。

自国の通貨が、1年足らずの間に30%も切り上がるということは大変なことである。これは、輸出入価格という点に注目すれば、わが国の全てのモノやサービスの（対外）価格が、30%も引き上げられるということを意味し、それだけ競争力が低下するということである。

現在、米国がわが国から輸出される鉄鋼に25%、アルミに10%の関税を課することが問題となっている。これは、貿易価格の調整という意味では、例えば鉄鋼製品についての米国向けの輸出価格が25%上昇することを意味するに過ぎない。

この伝で言えば、例えば円の30%の切り上げは、わが国の全ての輸出品について、その輸出先の国のいかんにかかわらず30%の関税が課せられることと同じである。しかも、モノについてだけではなく、サービスについてもそうである。

こういう見方をすれば、この円高が経済学的にみていかに衝撃的なものであるかがわかるであろう。宮澤大臣が、相当な対価を支払ってでも、この進行を阻止しようと考えられたのは当然であろう。この政策論争を、派閥争いのような次元の話としてとらえる見方があるが、それは間違いである。

（2018年10月15日）

歴史とは何か

■新たな事実を踏まえて

「プラザ合意」は、世界経済にとって大きな出来事であり、大部分の国にとっては、すでに定まった歴史である。特に、その時々の眼前の大問題の早急な解決が格別に重要であり、時の政権が、大胆に政策を変えていくことが当然の米国にとってはそうである。ところが、わが国にとってはそうではない。何故ならば、わが国はこの合意の結果として、急速かつ予想以上に大幅な円高と、わが国経済の構造の調整を強いられ、ある意味で、今でもその後遺症に苦慮しているからである。

また、もし「歴史」が過去と現代の対話であり、現代にとって意味のある過去の事実が歴史であるとすれば、現在のわが国にとっての「プラザ合意」とは、これまで語られてきたそれとは異なるものであるはずだからである。

何故ならば、当時明らかにされなかった重要なこの為替相場についての議論について、その内容の新たな事実が、何年か経って関係者によって明らかにされたからである。それらの評価を踏まえた一連の事実こそが、わが国にとって、歴史としての「プラザ合意」であるはずである。しかし、新たにわかった議論を踏まえた評価は、未だ行われたとは言い難い。

関係者の回顧録等によれば、プラザホテルで関係者の間で行われた議論は、ドル相場を10~12%程度引き下げるかどうか（これは端的に言えば円を10~12%引き上げるかどうか）をベースに議論されたということである。

そこで、わが国の大蔵大臣は、自ら進んでそれを受け入れると発言したという。そういう議論であったとすれば、円がその後、30数%も上昇したことは、「プラザ合意」に参画した人たちにとっても、大変なことであったはずである。

私が最初にこれらを知ったのは、1988（昭和63）年5月に発行された船橋洋一氏の『通貨烈烈』（朝日新聞社）によってである。

日本語と英語で同時に発表されたこの本（英語の本のタイトルは『Managing The Dollar : From the Plaza to the Louver』）は、85年の「プラザ合意」から87年の「ルーブル合意」まで、為替相場を巡る関係者間の政策調整のプロセスとその背景を、G5諸国の当時の政策当局者100人以上に直接インタビューしたことを踏まえて書かれたものである。

私も、インタビューを受けた一人であった。

■存在した「ノン・ペーパー」

この本によれば、プラザホテルにおけるG5では、「ノン・ペーパー」が準備され、それをいわばタタキ台として議論が行なわれたとしている。

この本来存在すべきでない「ノン・ペーパー」は、為替相場について、主要国別のドル買いの介入額の分担額と、今後の為替相場の目指すべき水準について記述しており、「ドルを10〜12％下方修正することが管理可能か」、と問いかけている。

さらに、この会合に出席した他の人物の回顧録は、円高に抵抗するかと思われたわが国の大蔵大臣が、日本に対する激しい議論をあらかじめ回避するためであろうか、自ら10〜12％の円高なら受け入れ可能と述べたことに驚いたとしている。また別の関係者は、わが大臣が、20％の円高も受け入れが困難ではないと発言したとしている。

ただ会議では、最終的にどこまでドル安（円高）を進めるかについては、合意がなされなかったとされている。結論が出されてないのは変だと思われるかもしれないが、私の経験によれば、こういうことは、政治家である大臣間の会合では、必ずしも珍しいことではない。

周知の通り、この会議の参加者は、これらの事実を公表しなかった。もちろん、わが国でもそうである。そして、それはわが国においては、本来知らされるべき政府関係者についてもそうであった。私もその一人であったと思う。

その中でわれわれは、「東京サミット」の中曽根総理の発言案を準備した。もし、会議の内容を知らされていたとしたら、「プラザ合意」の8カ月後に開かれた「東京サミット」におけるわが国の総理や大蔵大臣の発言案も、別のものになっていたかもしれない。また、そこでの議論の内容も、その結果も、多少は異なったものになっていたかもしれないのである。

何故、広く知らされなかったのであろうか。それは、為替市場の性質や、その他諸々の要素を勘案してであったことに間違いない。また、その判断が間違っていたと主張するつもりはない。

しかしこのままでは、「プラザ合意」に向けたわが国の対処方針が、どういう考え方で定まったのか、その考え方が正しかったのか、その将来への教訓は何か、これらについてのチェックの仕様がない。

また、このようなプロセスのどこまでが「政」の責任であり、どこまでが「官」の責任なのか、それとも「政」と「官」とを含めたわが国全体の統治機構の問題なのか、はたまた、そういうことに至らしめざるを得なかったわが国社会全体の構造の問題なのか、そういう現在にもつながる課題を提示していると思われるのである。

■宮澤VSローソン

この時代の関係者の行動と、その背景にある考え方をまとめた信頼すべき本は、前記船橋著以外にもいくつかある。１９８３年から89年まで、英国の大蔵大臣であったナイジェル・ローソンの『The View From No.11』（「大蔵大臣室からの眺め」とも訳すべきか）が出色であろう。

ルーブル会合を含め2年間のG５に、文字通りその場にいたり、東京サミットで担当課長として経済指標を用いた政策協調にその当初の提案から完成までかかわった私からみると、このローソンの著作は、極めて正確である。

もともとジャーナリスト志望であったローソンの回顧録は、１０００ページを超える力作であり、わが国でいえば、この時代の3次にわたる中曽根内閣の蔵相を務めた竹下登、宮澤喜一両大臣の時期の全てをカバーしている。

この回顧録の中でローソンは、宮澤大臣を「彼は（日本の大臣としては）珍しく彼自身の政策を持っており、しかもそれを明確に（英語で）表現することが出来た」と高く評価している。ところが彼は宮澤大臣には親切ではなかった。

あるG5の会合のことである。宮澤大臣はローソン蔵相に、「英国はいつEMS（欧州通貨制度）に加盟するのか」と尋ねた。当時、EC（ヨーロッパ共同体）の主要国は、ERM（為替相場メカニズム）に参加しており、この下で西ドイツのマルク、フランスのフラン等相互の通貨間に一定の交換比率（これを「グリッド」と呼んでいた）を定めていたが、英国はこれに参加していなかった。大臣は英国がいつこれに参加するのかと尋ねたのである。

その趣旨は誰が聞いても明らかであった。ところが、ローソンの返答は極めて失礼なものであった。「英国はとっくの昔にEMSに加盟している。あなたはそれも知らないのか」というのである。

細かいことであるが、EMSは3本の柱からなっており、英国はEMSには加盟していたが、そのうち最も中核となるERMには参加していなかった。宮澤大臣は、このことについて尋ねたのである。形式的にはローソンの言う通りではあったが。

前に紹介した宮澤大臣の「イギリス人はイヤなことを言うよなー」という発言は、この会議が終わった直後のものであった。

（2018年10月22日）

G5蔵相たちのその後

■止まらなかった円高

ドル安防止への転換に向けた日米両国の合意は、「ルーブル合意」により、7カ国間の合意となった。「ルーブル合意」では、ドル対円、ドル対西独マルクの為替レートを一定の水準とすること、及びそれをバック・アップする為のマクロ経済政策を、各国が実施することとされた。

黒字国である日本と西ドイツ等は、財政政策の拡大など具体的なコミットメントを行い、赤字国である米国も、財政赤字の縮減などを約束したのである。私はこの会議にも「通訳」として出席した。

これを受けた1987年4月のワシントンにおけるG7（主要7カ国蔵相・中央銀行総裁会議）のことである。先の「ルーブル合意」や、それに従った外国為替市場への各国当局の介入にもかかわらず、ドル安、円・マルク高の動きは止まらなかった。そういう背景の下でのG7であった。

そこでは、それぞれの国はルーブルでの約束を果たしているのかが議論された。わが国は、年度が始まった早々ではあるが、必要とあらば補正予算を組むという方針が固まりつつあった。

しかし、未だ新年度の本予算も国会で成立しておらず、そういうことを政府から言い出すわけにはいかない。補正予算を組むと言えば、野党から「それならそれを含むように当初予算を組み直し、再提出しろ」という議論が出されるからである。

そこで、与党がその意向であることを説明して、その場をしのごうとしていた。このわが国のように、与党と内閣を一体として考える議論は、同じく議院内閣制をとる英国のような国には理解し易いところであった。

だが、厳格な三権分立主義に基づく大統領制の国であり、行政と議会とがまったくの別物である米国に対しては、説得力の弱いものであった。

■ローソン蔵相の「釣り球」

大臣や中央銀行総裁による議論も一応終わり、宣言文の検討に入った。原案は恒例のごとく、7カ国の蔵相代理たちの会合ですでに準備されていた。とは言っても、そのまま宣言文となるわけではない。

この場で、英国のローソン蔵相が、新たな提案をした。「日本は引き続き市場開放に努力をする」という趣旨の文章を入れたらどうかというのである。市場開放云々《うんぬん》については、この会議では議論されていなかった。およそ議論もされていないものを宣言文に書くというのはルール違反であろう。

これは英国派の私からすれば、明らかに「釣り球」であった。相手方が議論に食いついてくれればもうけものだというぐらいの話である。宮澤大臣がひと言、「議論をしていないことを宣言文に入れることには反対だ」と言えば、勝負がついたように思う。

しかしながら、真面目な宮澤大臣は、まともにこの議論に対応した。ローソンは、さらに、「それでは先のプラザ合意と同じ文章ではどうか、一度宣言に入れたのと同じ文章が何故入れられないのだ」という趣旨の反論をした。

ローソン蔵相はなおもしつこく主張を繰り返した。他国の大臣たちは、黙ってその成り行きを注目していた。推測するに、「ローソンの提案はフェアではない。しかしそのような文章が入ることになれば、自分たちとしては結構だ」ということだったからであろう。

疲れの見えていた宮澤大臣は、さらなるやりとりの末、これを受け入れた。「日本政府は、外国製品及びサービスに対し、国内市場を一層開放する意思を再確認した」という文言が入ったのである。

この件は後日、国内で、何で大蔵省が所掌外の市場開放についてコミットしたのだとして、多少の物議を醸すこととなった。私はローソン提案を聞いた時、大臣に「そういう議論はしていませんよ」と耳打ちしようかと一瞬思ったが、大臣同士の議論が始まった時に、「官」がそういうことをすべきではない。まして、私は「通訳」であった。

■それぞれの人生

1987年のことであったと思う。私のかつての部下と、宮澤大臣の親戚の女性との結婚披露宴があり、私は大臣と同じ宴会場にいた。その席に、財務官室から副財務官である私にメモが入った。

米国の財務長官であり、宮澤大臣と「ケミストリーが合った」ベーカー財務長官が、辞任するというのである。次回、共和党から大統領選挙に立候補するるブッシュ（子）氏の応援に専念する為であるという。

2人は、ともにテキサス州出身であり、文字通り竹馬の友だった。もし、大統領候補と副大統領候補とが、同じ州から出るべきではないという米国の慣習がなければ、間違いなく、共和党の副大統領補はベーカーだと言われていた。

大臣にこの件を伝え、「電報でも打ちますか」と聞いたところ、そうしてくれということであった。宮澤大臣は派閥の長でもあったが、政治の場では、いろいろと苦労されているようであった。気心の知れた仲間のこのニュースを聞いて、様々な思いがよぎったのではなかろうか。

そういう思いを推測しつつ、その場で文案を作り、大臣に見てもらって大臣発の電報を打った。それは次のようなものであったと思う。

"I learned with deep emotion that you are to leave the government and go into politics in order to help..."（貴官が財務長官を辞し、政治の世界に入られるという報に接し、深い感慨を覚えます）

その後ブッシュは、選挙に勝って大統領となり、ベーカーは国務長官に就任した。結局ベーカーは、ブッシュ政権の中で、"Deputy President"（大統領代理）と言われるほど大きな影響力を持つに至る。

ベーカー長官をはじめ、他の宮澤大臣の友人たちも、それぞれの運命をたどることになった。英国のローソン蔵相は、蔵相辞任後、念願のジャーナリストの仲間入りをし、大臣時代の分厚い回顧録を書くことになる。ドイツのシュトルテンベルグ蔵相は、何かの事件に巻きこまれて失脚したように記憶している。一説には、シュミット首相の地位を脅かしそうになったので、それが遠因ではないかという。

大学卒ではなかったが、ルーブル会合で議長を務め、G５会合では常に通訳を置いて議論をしたが、その発言内容から、極めて優秀な頭脳の持ち主と思われた仏のベレゴヴォア蔵相は、ピストル自殺を遂げた。
そして、わが宮澤大臣は、秘書のリクルート株事件により、消費増税法案の成立と引き換えに大蔵大臣を辞任した。これでその政治生命も終わりかと言われたが、その後見事に復活、総理大臣となり、その後アジア通貨危機の際には、再び大蔵大臣として活躍した。周知の通りである。

（２０１８年11月19日）

第4章　日米交渉

日米を結ぶ様々な絆

■大臣室で博多弁

財務官室の仕事はいろいろあったが、大臣との関係では、その海外出張や外国要人との面会の準備を手伝ったり、その通訳をしたりすることもあった。この時期、数多くある海外の要人からの面会希望者の中で、誰と会っていただくかの判断は、財務官室がとりまとめていた。われわれは、そのための一応の基準を作っていた。

G5等主要国については、その国の大蔵大臣であれば必ず、かつて大蔵大臣であった人物については原則、お会いいただく。その他の閣僚経験者については、時間がなければお断りする、というようなことだった。

ある時、米国の元閣僚から竹下大臣への面会希望があった。父ブッシュと子ブッシュ両大統領の国防長官となったヘイグ氏であったと思う。すでに辞任していたので、先の基準に従い、お断りした。

再度要請があったが、時間の調整がつかず、またお断りした。ところが、竹下事務所を通じて是非会わせてほしいとの依頼があった。政務の方からの要請とあれば、そちらの判断が優先する。結局、お会いいただくことにした。

当日、この面会の責任者である私は、通訳をする財務官室の係長とともに大臣室で先方の到着を待った。約束の時間になり、確かにそれらしい大柄な男性が現れたが、その手前に、彼を従えた格好でやや小柄な日本人が歩いてくる。見覚えのある顔である。

私に近づいてくると、自分の顔を指さして「久保田さん、俺たい、俺たい（私ですよ、私！）」とささやいた。私の中学校、高校の1年後輩であり、九州の大手ディベロッパー企業の社長である某君であった。

特徴のある人なつっこい顔であり、言われなくてもすぐわかった。親しい先輩、後輩の間柄である。私は反射的に耳元で言い返した。

「わかっとる！　黙っとれ！（わかっている。静かにしろ）」と。ここは大臣室である。

話の経緯はこういうことであった。先方はどうしても竹下大臣に会いたかった。そこでツテを辿ったところ、かつて同じ時期に米国の青年会議所会頭であった人物が、当時わが国の青年会議所会頭であったこの社長と親しいことがわかり、彼に大臣との面会を依頼し、そこで彼が竹下事務所に働きかけたという次第であった。

■竹下・リーガン会談

財務官室長時代、重要な面会の通訳は係長に任せず、私が直接あたった。私と係長の間には課長補佐がいたが、彼は通訳をする役割ではなかった。１９８４年2月、日米円ドル委員会における竹下大蔵大臣とリーガン財務長官との会談もその一つである。

これは、歴史的にも有名な「円・ドル委員会」に関する両大臣の唯一の直接対決であり、私にとっては、いくつも務めた「通訳」としてのハイライトであった。

この種の会合では通常、先方の発言の日本語への訳は先方が、日本側の発言の英語への訳は日本側が担当する。これは、正確を期す為の措置でもあり、不測の事態を避ける為の措置でもある。

ところが、この時の通訳は両方向とも私が務めた。こういうことを許すのを、米国の鷹揚さと見るか、日本側の通訳が変な訳をするはずがないという自信の現れと見るかは、見方の分かれるところであろう。

厳しい内容となったこの両者の応酬は、約1時間半と予定の倍の時間続いた。先方は、われわれから見ると身勝手な論法も用いて、多少演技も加えたと思われる高圧的な態度でわが国の金融資本市場の自由化を迫った。竹下大臣は、相手のペースに乗ることなく、わが国の主張を淡々と繰り返された。

会談後、竹下大臣は記者会見に臨んだ。それが終わった頃、この会見に出席した私の親しい財研（財政研究会、大蔵省の記者クラブ）の記者から、「あんな顔色の悪い竹下大臣は見たことがない。一体何があったのですか」と聞かれた。私は当時、まだ大臣の微妙な感情を読み取れるほど、お付き合いをしていなかった。また、そうする余裕もなかった。

本来の仕事以外での通訳もあった。ある時、米国の共和党の「選挙の神様」が、日本の「選挙の神様」に会いたいと面会を申し込んできたのである。

わが国の衆議院議員選挙が近い時期でもあった。「休日ではあるがよろしく」という秘書官の依頼があり、面会場所であるホテル・ニューオータニの、ある議員の事務所に向かった。何でもその面会時間に、竹下事務所の部屋が、全てふさがっていたという。

驚いたことに、その部屋は二階堂進議員の事務所であった。新聞報道によれば、当時二人は同じ田中派ではあるが、ある件を巡って激しく争っており、口も聞かない仲のはずであった。その二人が部屋を融通しあっていたのである。

部屋に入ると、竹下大臣は二階堂議員の吸いかけの葉巻きを発見し、「オッさん、こういうこともやるのか」と言われた。新聞報道が不正確なのかもしれないし、政治家同士の懐の深さなのかもしれない。いずれにしろ、政治の世界は、外からはわかりにくいものだという感想を持った。

福岡領事館の首席領事を務めたマルゴ・キャリントン米国公使（右側）の離日パーティー（左から２人目が著者）＝2018年6月

「神様」同士の話は、さすがに濃密であった。竹下大臣は、近く予想されるわが国の選挙について、その結果予測をコメントした。「絶対多数」とか「安定多数」とか言う表現を使いながら、国会運営に与える影響を詳しく説明された。会合が終わった後で大臣は、「今日は実に厳密に通訳をしてくれて有難う」と言われた。改めて、竹下大臣が若い頃、英語の教師をしていたことを思い出した。

竹下大臣には、後年、私も深く関与した日米間の大きな案件の結着にも係わっていただくことになる。

■共和党の復活

２０１７年の初め、トランプ大統領が

就任して米国は共和党政権となった。その後、日本においても共和党の関係者の活躍が目立つようになった。米国の駐日大使も、政務担当の公使も交代した。

そしてかつて福岡領事館の首席領事を務め、その在任中の2009年に福岡の名士劇に出演し、「メリケンお丸」という名の女伊達としてアメリカなまりの江戸弁で啖呵を切って喝采を浴びた広報担当公使のマルゴ・キャリントン氏も、東京を去った。いずれも民主党系の人々だった。

私は2018年夏、東京のある所で、1984年の日米円ドル委員会や1990年の日米構造協議で、財務省や国務省で日米関係に係わった知日派のフォーリーバー氏にバッタリ顔を合わせた。共和党系の彼にも活躍の場が広がったのであろう。

（2019年1月21日）

その役割分担

■米国の強い要求

私は多くの対米交渉に関わったが、その中で特に印象に残るものが、1990年に結着をみた「日米構造協議」である。この交渉は、わが国の貿易黒字を削減する為に、米国がわが国の経済・社会の「構造」を変えようというものであった。

わが国の貿易黒字が大きいのは、わが国における消費、投資、財政支出などの支出が少ないためであり、貿易黒字の削減の為に、わが国経済全体を多消費型の経済構造に変えるべきであるという議論である。

この「日米構造協議」は、わが国の外務審議官、財務官、通商産業審議官と、米国の相手方とが、それぞれ共同議長を務めるというものであった。私は当時、大臣官房の調査企画課長であり、この交渉では大蔵省を統括する責任者であった。

そして、この交渉の中核が、貿易黒字という大蔵省が所管する国際収支に係わるものであることから、これは私がこの交渉全体のいわば舵をとる立場であることをも意味した。

米国の中核的要求は、わが国の公共投資を計画的に増額せよ、その目標値を具体的な計数を示してコミットせよ、当面大型の補正予算を組め、という国の予算に関するものであった。

公共投資について言えば、わが国では、景気対策の要として使われており、そのことは、公共投資の額は不況の時には増加し、過熱の時には抑制気味になることになっている。米国の言うように景気変動の波に関わらず、とにかくこの額を増やす、加えて、その為の具体的な目標額を前もってコミットするなどというのは、到底不可能であった。

また、財政赤字をいかに削減するかも、当時の重要な政策課題であった。それに、そもそも予算は国の政治の重要な部分であり、それをどうこうせよというのは、内政干渉そのもののはずである。

先回りして言えば、結局この主張については、その内容にいくつかの工夫をして、その実害があまり出ないようにした上で、わが国が10年間に430兆円の公共投資をすることを表明して結着した。

■元総理の書簡

大蔵省と米財務省との交渉は、当初はスムーズに進みつつあった。ところが、途中で先方の態度が硬化し、どうにも前に進まなくなった。事務方のトップの交渉はおろか、大臣同士の交渉でも文字通り、ニッチもサッチも行かなくなってしまったのである。

万策つき、ここは人脈のある竹下登元総理に動いてもらうしかなかろうということになった。相手は当時、ブッシュ（子）大統領の下で、大統領代理と呼ばれて権勢を誇っていたベーカー国務長官である。両者は「プラザ合意」の時代のG5（5カ国蔵相・中央銀行総裁会議）の仲間であった。

性格は異なるが、二人は相手方の国内における力を相互に認識しているようであった。われわれは、ベーカー氏が財務長官を辞めてからも時折訪日し、その際には竹下元総理と連絡をとりあっていることを知っていた。

竹下元総理の趣旨を態し、主計局の調査担当の課長が手紙の原案を書いた。先程のわが国の主張を論理的に、かつアメリカ人にもわかり易くまとめたものであり、なかなかよく出来た文章であった。これは当人の役人時代の傑作の一つではないかと思っている。その英訳のチェックは私が行った。

手紙は1990年6月初め、先方に届けられた。しばらく後、両国の交渉は急速に進展し始め、6月30日には結着した。この手紙が、「日米構造協議」の転機をもたらしたことは間違いない。私はそう思っている。

当時そう意識することはなかったが、国の共通の課題に向けて、国際交渉においても「政」は「政」の、「官」は「官」の役割を果たしていたのだと改めて思うのである。

■「国土庁でも為替が……」

私の大蔵省時代、行政における「政」と「官」との関係が、緊張した時がなかったわけではない。私自身もその余波を受けたように思う。

実は、私は長い間、国際金融政策に携わってきており、また将来もそうであろうと思っていた。私の周囲もそう考えていたように思う。そこで、私は将来に備えて、この分野の諸外国の高官、学者、ジャーナリストのうち、面白そうな人物との親交を意識して深めていた。

ところが、いわゆる「自・社・さきがけ」の連立内閣の誕生とともに、大蔵省では「政」と「官」との緊張が高まった。

当日、官邸に対する呼び込み、その後の2、3分の記者会見、そして財研（大蔵省の記者クラブ）での記者会見を終えて、新しい大臣が大蔵省に入ったのは午前1時を過ぎていた。

大臣室には総務課長以上が出席したが、新大臣との対面は、異様な雰囲気であった。新大臣は型どおりの挨拶に続いて、次のような趣旨を述べた。

「アイデアを出し、政策の選択肢を示すのは官僚であるが、その中でどれを採るかを決めるのは政治家である。どこをどう減税するか、予算をどうつけるかを決めるのは政治家である自分だ」

これを受けて当時の次官は、「官」を代表して歓迎の辞を述べた。

「大蔵省という役所は、昔から良く議論をするところです。今後の政策についても、大臣とよくご議論をさせていただきたい。大蔵省には（減税とか予算をどうつけるかという聞こえの良い話の他に）増税をどうするか、財政の健全化をどう進めるかといった（きつい）課題もあります」

緊張関係は人事にも及んだ。当時の噂によると、事務方の人事案と大臣の人事案とはいくつかの点で異なっていたようであった。

国際金融局次長であった私は、予想に反し、国際金融局長ではなく関税局長に任命された。これは大臣の決断だとの噂であった。局長時代に私が所用で大臣室に入り、2人だけになった時、「君を関税局長にしたのは、決して君の出来が悪いからではないからな」と、2回にわたり直接本人から聞かされたので、おそらく本当だったのであろう。

2年後、私はこの関税局長から国土庁官房長となり、国際金融行政から完全に離れることとなった。私は竹下元総理の所へ挨拶に伺った。私の話を静かに聞いていた竹下大臣は、次のようなことを言われた。「ほー、そうか。日本もえらい時代に入ったなぁ。国土行政も為替を知らないとやれない時代になったか」と。

これは「お前サンも変なところに行くことになったなぁ。そうは言っても、オレは君が国際金融の専門家であることを良く知っているよ」ということの竹下流の表現であった。

（2019年3月25日）

日米経済交渉の行方

■日本を守る強い決意

安倍総理と米国のトランプ大統領は、2017（平成29）年2月10日、首脳会談を行い、その後、共同声明を発表した。この会談の評価及び今後の両国の関係の展開については、多方面から実に様々な意見が出されている。今後を予測するためには、この共同声明を注意深く読むことが、大きな手懸りになるのではないか、と考えている。

私の経験によれば、政府の共同声明は、注意深く、かつ厳密に書かれる。国のトップ同士が、「合意した」ものとして発表する今回のような声明には、格別の重味があるはずであり、そのようなものとして、日本語及び英語の双方の声明文を、自ら注意深く読む必要がある。

本来、政治や外交を専門としているわけではないので、断定する自信はないが、今回の共同声明の特色の一つは、「日米同盟」について、実に細かく、思い切ったことが書かれているということではないかと思う。この共同声明は、政策事項としては、「日米同盟」

と「日米経済関係」の2つの項目からなっている。

その第1の項目である「日米同盟」のところに書かれている尖閣諸島、普天間飛行場、北朝鮮等、具体的な事項については、すでに幅広く報じられている。だが、この声明文には、このような具体的な事項の他に注目すべき抽象的な事項がある。

その1つは、米国の日本を守る決意が極めて明確に示されていることである。わが国を核兵器及び通常兵器双方を含めたあらゆる種類の軍事力を使って守る、とのコミットメントがあるとの前提に立って議論が展開されている。

その2は、箇条書きにされているわけではないが、アジア地域の安全保障に関する日米両国の共有する認識について、それぞれの区別に応じて述べられ、それに従った対応措置の方向が記されていることである。

具体的には、広い概念である「アジア太平洋地域」については、「日米同盟」がこの地域の平和、繁栄及び自由の礎であるとの基本的認識を示している。だからこそ、先に述べたような内容の同盟が存在するとしているのである。

より狭い概念である「東シナ海」については、両国はその平和と安定を確保するための協力をさらに深めるとし、「南シナ海」については、関係国に対して、拠点の軍事化を含め、その緊張を高める行動を避け、国際法に従って行動することを求める、としている。

抽象的な表現ながら、その深い含蓄をかみしめるべきであろう。

■経済交渉はこれから

これに対して、「日米経済関係」の項目の記述は比較的淡白である。

第1項は、両国は国内及び世界経済を強化するために世界経済の促進の視点から、相互補完的な財政、金融及び構造政策を活用するとしている。

第2項は貿易の自由化、第3項はTPP（環太平洋戦略的経済連携協定）を含めた貿易取り決めの枠組み、第4項はそれ以外での様々な分野についての協力について述べている。

この経済分野については、声明文中に具体的な指針や考え方が、明確に示されているとは言い難い。すでにわが国の麻生太郎副総理と米国のペンス副大統領が、その責任者に定められており、その下で議論が行われることになる。

問題は、今後の経済対話がどのようなものとなるかである。これについては、過去の、特に日米経済交渉が熾烈を極めた1980年代から90年央までの交渉が参考になろう。

この時期、私の所属していた大蔵省は、3つの対米交渉を行った。私は、この3つの交渉の全てに参画した数少ない公務員であった。

その第1は、1984年に終了したいわゆる「日米円ドル委員会」である。これは円・ドル為替レート及び金融資本市場の自由化を、竹下大蔵大臣、リーガン財務長官の共同宣言に基づき、わが国の財務官及び米国財務次官の議長の下で行ったものである。

第2は、1990年に完結した「日米構造協議」である。これは、前年7月の宇野宗佑総理と父ブッシュ大統領との合意の下に、わが国の外務審議官、財務官、通商審議官が、米国の国務省、財務省及びUSTR（通商代表部）の代表を相手として、両国の経常収支不均衡の縮小を目的として行ったものである。

第3は、「日米包括協議」である。私が1995年、日本側の代表として当時米国の次官補代表であり、その後財務長官となったガイドナー氏を相手にとりまとめた「日米包括協議・金融サービス分野の作業部会」はその一部である。この包括協議の創設はその2年前の1993年7月、東京サミットの際に、宮澤総理とクリントン大統領の共同宣言により合意されたものである。

この包括協議は、日米のテーマを包括的に、すなわち、何でも議論しようというものであった。その共同声明は具体的な交渉の領域として、例えば次のようなものを挙げている。

香港の「アジア金融フォーラム」で、かつての交渉相手であるティモシー・ガイトナー氏（前米国財務長官）と＝2014年1月

ナイロビでのアフリカ開銀増資交渉にて。左から著者（国際金融局審議官）、スーザン・レヴィーン米次官補代理、ケビン・ラファティ氏（ジャーナリスト）、右端にババカー・ウンジャイ・アフリカ開銀総裁＝1994年5月

《セクター別、構造面での協議及び交渉を行う。それらは次の5つのバスケットからなる。（1）政府間調達、（2）規制緩和及び競争力（金融サービス、保険、競争政策、透明手続、流通及び規制緩和等）、（3）その他の主要セクター（自動車、自動車部品）、（4）経済的調和、（5）既存のアレンジメント（SII、紙、ガラス、外国弁護士等）》

この交渉は、結局のところ、金融、保険、自動車等、個別の、しかも米国側がその時点で格別の興味を持っていた分野（セクター）が中心となったように記憶している。

今回の日米経済交渉の行方については、今のところ、これらの過去の歴史、両国特に米国側業界が今後表明するであろう要求、それにこの声明文に顔を出しているキー・ワード（例えば「自由で公正な貿易のルール」「貿易及び投資に関する高い基準の設定」「市場障壁の削減」「経済及び雇用の機会の拡大」「二国間の枠組み」）によって判断するしかなかろう。

（2017年3月2日）

ＴＰＰへの対応は拙速を避けよ

■正式な合意までなお曲折

２０１５（平成27）年10月5日、約5年間の交渉を経て、環太平洋の12カ国間の「ＴＰＰ」（環太平洋戦略的経済連携協定）の大筋合意が成立した。その後、合意の詳細が順次公表されつつある。わが国では現在、早期成立を当然の前提とした議論が行われ、その対策の一部は16年度予算で手当てされそうである。

だが、ＴＰＰへの対応は、拙速を避け、その内容を十分に咀嚼《そしゃく》し、今後の同協定の国際的な進展も踏まえつつ行うべきであろう。

それは何よりも、この合意の内容が、複雑かつ多くの分野にわたっているからである。その為、たとえ合意の詳細が公表されても、その経済的、社会的意味合いを、直ちに正確に判断することが難しい。

わが国全体のメリット・デメリットについては当然そうであるし、農業、自動車産業など個々の分野の得失についてもそうである。この21分野31章にわたる協定がカバーしている項目は、モノやサービスの関税率の撤廃といった国際貿易に直接かかわることだけではない。

国有企業や政府調達のあり方、労働や環境についての基準など、多少は国際貿易取引条件に関係がある程度のこと、さらには貧困削減、福祉と生活水準の向上など直接関係がなさそうなことまでも含んでいる。意外なビジネスチャンスもあるだろう。

また、この合意は大臣間でなされたものであり、これが、国家間の正式な合意に到るまでには、なお曲折が予想される。

この種の国家間の合意は、まず、その参加国の行政の長が署名をし、その後、国会がこれを批准して各国の正式な意思表示となる。そして、参加国間全てが、この国家としての意思表示をして初めて、正式の協定となるのが原則である。

■今後は米国次第

TPPの場合、全ての国が合意しなくとも、参加12カ国中の6カ国以上で、かつ、そのGDPの85%以上の国の合意があれば、その協定は発効する。日本と米国のGDPを合計すると87%程度となるので、少なくとも日米の正式合意手続きの完了、すなわち国会での批准が必要である。

問題は米国である。大統領制下の米国の場合には、この手順は複雑である。大統領が署名する場合には、その90日以前に議会にその旨を通告しなければならない。その後の議会での承認手続きについても、スムーズにいくとの保証はない。

２０１６年は大統領選挙の年でもあり、それをも視野に入れたＴＰＰへの賛否の論戦が、すでに展開されている。与党であるはずの民主党の有力な次期大統領候補は、その内容が大企業優遇であるとか、米国の雇用にマイナスに働く等として、ＴＰＰを批判したようである。

一般に言われているように、16年の春頃には、議会の承認が得られるであろうと見るのは早計であろう。米国においては、16年秋の大統領選挙の前後ではないかとする見方が強い。「中国に世界経済のルールを書かせるわけにはいかない」と国益をかけた交渉をした米国が、これを否決することはないだろうが、その可能性も、まったくないわけではない。

一瞥《いちべつ》したところ、いくつかの問題はあるものの、このＴＰＰは全体としてわが国の国益に沿ったものとなっているようであり、その合意のレベルも相当高いようである。とは言え、拙速は避け、政府、民間ともに深い議論と十分な分析をして対応する必要があろう。

（２０１５年11月19日）

第5章　世界経済

利上げ見送り

■何故見送りか

2014（平成26）年10月、米国がその「量的緩和政策」を終了して以来、次のステップである金利の引き上げをいつ行うかが、世界的に注目されている。

連邦公開市場委員会（FOMC）が9月の会合で決めるのではないかとの見方が強かったが、9月17日の会合は、現在の「ゼロ金利政策」を継続することとした。この結果、引き上げは次回の会合である10月下旬以降に持ち越された。

米国の金利引き上げが格別に注目される理由の一つは、世界の実態経済との関係からである。世界最大の経済大国である米国が金利を引き上げるということは、米国の経済がそれに耐えうるほど強いことを示しており、それ自体、良いことである。

まして、米国の中央銀行である連邦準備制度理事会（FRB）の政策目標は、他の多くの中央銀行と違って、雇用の安定と物価の安定の2つである。雇用にも責任がある組織が、金利の引き上げをしても大丈夫だというのなら、その景気の良さも本物だろうということになる。

他方、世界経済の現状からは、金利の引き上げは好ましくない。GDP世界第2位の中国は、高度成長期を脱して安定成長の時代に入ったが、15年に入って、その成長率はかなり低下している。

中国政府によれば、この第1四半期及び第2四半期では、いずれも政府の15年の目標通りの7%であったとしているが、多くの専門家は5%程度ではないかと見ている。もっと低いのではないかという見方もある。こういう情勢下で、米国の金利の引き上げは世界経済全体の為にはいかがかという議論である。

米国の金利の引き上げが世界的に注目されるもう一つの理由は、その国際金融に与える影響である。世界には、途上国を中心として対外借入れに依存している国が少なからずある。

これらの国は、国際金融情勢が何らかの要因で不安定になると苦しくなる。支払うべき金利が上昇するのみならず、期限の来た元本を返済する為の新たな資金の調達が、困難になるからである。

14年6、7月の中国の株式市場の急落と乱高下は、国際金融市場を緊張させた。その不安定要因が未だ残っている下での米国の金融政策の変更は、国際金融市場を不安定化させる恐れがあるのである。

わが国にとっても、米国の金融政策は、米国の経済の動きにかかわることから大切であるが、同時に円相場に与える影響から大切である。米国金利の引き上げは、基本的には円安要因である。

■不正確な日本の報道

問題は、このように大きな意味を持つ米国の金融政策の動きを、どうやって予測するかである。残念ながら、これを専《もっぱ》らわが国のジャーナリズムに拠って判断することは危険を伴う。

その理由はいくつかあるが、最大の理由は、わが国のジャーナリズムが、それを正確に報道し切れてないことである。

いずれの新聞も大同小異であるが、例えば9月17日のＦＯＭＣの決定を、ある全国紙は、「米利上げ見送り」「世界経済先行き警戒」と第1面の見出しで報じている。

読者は、これを読んで、米国がその世界経済に与える影響を考えて利上げを見送ったと考えるであろう。そして、読者は将来も世界経済が好転しない限り、あるいは中国経済が落ち着かない限りは、米国は金利の引き上げを行わないであろうと推測するに違いない。

しかしながら、これらは間違いである。

9月17日のＦＲＢの発表文は、米国の経済の状況とそれに対する評価を、経済成長、家計消費支出、設備投資、輸出、労働市場、物価等にわたって厳密に記している。そして、雇用の安定と物価の安定という中央銀行の２つの政策目標からみて、金融政策はいかにあるべきかを検討した結果、利上げを見送ることとしたとしている。

つまり、海外経済との関係については、それが米国の経済活動と労働市場に与えるリスクの観点から注目していると記しているにとどまる。

見出しだけではない。これをまとめた新聞の冒頭の記事は、「イエレン議長は利上げを先送りした理由として、中国など新興国経済を取り巻く不確実性の高まりや、ドル高、原油安が物価に与える影響の見極めに『少し時間が必要だ』と強調した」とし、あたかも世界経済を考えてこれを見送ったというような記述をしている。これも不正確である。

同じ新聞の伝える「ＦＲＢ議長会見要旨」では、イエレン議長は「世界経済と金融市場の動向について、米国への影響を精査するためにはもう少し時間が必要と考える」「焦点は中国を含む新興国の状況が米国にどう波及するかということだ」としている。（傍点は筆者）

米当局は、専ら自国の経済への影響という観点から、世界経済を考慮していると言っているのである。世界の動きも、自国に大きな影響を与えない限り考慮しない、としていると読んでもよい。

それでは、いったいわれわれは何によって、米国を含め外国の金融政策を予測すべきであろうか。

その第1は、すでに示唆したように、その当局の発表文などを直接自ら読むことである。それも出来れば日本語訳ではなく、そのニュアンスも読み取れる原文で読むことが望ましい。

第2は、当該国の制度を良く知ることである。先方の制度が、わが国のそれと同様であるとの前提で、安易に物を考えるのは危険である。

第3は、その政策責任者の性格、特性を良く知ることである。私は仕事柄、1979年のヴォルカー氏以来の歴代のFRB議長の言動を観察してきたが、現在のイエレン議長は、それほど言葉の選択に厳密でないような印象を受ける。おそらく、同議長のその場の一言一句に敏感に反応する必要はないように思う。


（2015年10月8日）

トランプ大統領の経済政策をどう予測するか

■伝統的な共和党の政策との調整

２０１６（平成28年）11月、米国の次期大統領が異色のトランプ氏に決定したことから、今後の政策について、世界中が大騒ぎをしているといっても過言ではあるまい。

経済政策についてみれば、もし、同氏の選挙期間中の発言が、その通り実施されるとすれば、保護主義の進展による世界の貿易のさらなる減速と、それに伴なう経済成長率の低下が心配されている。一体トランプ大統領によって実施される政策は、いかなるものとなるであろうか。

その予測は容易ではないが、これをあえて行なう為には、次の３つの要素を勘案する必要があると考えている。

その第1は、トランプ氏自身が選挙期間中に、どのようなことを述べたかである。

米国の基礎的インフラ投資支出を10年間で1兆ドル増加させる、法人税率を大幅に引き下げる、所得税を減税する、環太平洋戦略的経済連携協定（ＴＰＰ）から離脱する、北米自由貿易協定（ＮＡＦＴＡ）は廃止する、中国を「為替操作国」に提定する、中国からの輸入品に例えば45%という高い関税を課す、等の発言があったと報道されている。

これらを踏まえて、世間は、トランプ大統領の下では、米国の財政赤字が拡大する、総需要が増大して、その成長率は高くなる、金利はより早いペースで上昇する、としているようである。

他方、財政の負担を減らすとの発言もあったはずである。まずは、時として相互に矛盾する当人の選挙期間中及びそれ以降の発言内容を分析しなければならない。

第2は、共和党の経済政策、さらにはその伝統的価値観を考慮する必要がある。

今回は、同時に行なわれた上・下両院の選挙の結果、両院とも共和党が過半数を占めることとなった。われわれは、この体制の下、共和党のトランプ氏は自己の政策を容易に実施しうるだろうと考え勝ちであるが、必ずしもそうではない。

何故ならば、トランプ氏の主張している政策のかなりの部分が、伝統的な共和党の政策や思想と相入れないからである。共和党の伝統的な政策は、小さな政府、規制緩和、市場経済、財政支出の抑制等である。

言われているトランプ氏の政策中、政府支出の増大、企業活動への介入等は、伝統的な共和党の政策に反するものであり、もし、そういうことに連なる法案を大統領が提出しても、それが法律とならない恐れがある。

マーケットは新政権の政策が財政支出の拡大、減税等、景気刺激効果を伴なうものとみて、大統領選挙が終了した11月以降、株価は上昇し、それに伴なう金利の上昇のペースは高まるものとしてドルは強くなっている。

これからの政策がどうなるかは、実は関連する政策について、トランプ氏と共和党主流派との今後の調整にかかっている。

■予断を排して

第3の要素は、米国独自の制度や仕組みである。

米国の場合、政権が代わると政府の主要なポジションについて、大幅な人事の交代がある。大統領府の高級スタッフや各省庁の大臣は当然のこととして、高級官僚も、政権の交代とともに入れ替わるという、いわゆるポリティカル・アポインティー（政治的任用）の制度である。

しかも、大統領がこれらのポストに候補者を任命しても、直ちに当人がその地位に就けるわけではない。その為には、上院議院の承認が必要とされるのである。対象となる人物は約4千人といわれている。このプロセスには時間とエネルギーがかかる。

従って、新大統領の下で新たに行政組織が動き出し、現実の政策が動き出すまでには相当の時間がかかる。要は、大統領就任後の3、4カ月は、新しい政策の具体策が出来上がらない分野があるということである。

加えて、米国の場合には、その支持する政党にかかわらず、国全体で国益を考え、かつ、それを追求するという指向が強い。

実際、わが国では考えにくいことであるが、学者、シンクタンク、議員のスタッフ、かつて政府の高官であった人物等が、今後米国のとるべき政策について、公の場で、時には水面下で、意見の交換をしているようである。この動きの影響も無視できない。

それでは、われわれは当面、どう予測し、どう臨むべきであろうか。

まず、何よりも注意すべきは、今後の政策をこうではないかと決めてかからないことである。特に大統領選挙中に提唱された政策が、そのまま実施されるとは限らないということを、強く意識すべきである。

対外貿易については、現在のＴＰＰには参加しないことは確定的であろう。ＮＡＦＴＡについては、１９９４年に導入されて以降20年以上経過しており、その存在は、米国のサプライチェーンにしっかりと組み込まれている。

その廃棄は米国の政治、経済にとって大きなマイナスであり、それは国として相当のコストを覚悟して初めて可能となろう。むしろ、類似の効果を持つ新たな措置の導入が検討課題であろう。

他方、11月以降の株価の上昇や、金利の先高を見越したドルの急上昇は、過剰反応の感がある。当面の経済成長率は高目、金利上昇のペースは従来よりは早目とはなろうが、その後についてはどうなるかわからないと思った方が良いかもしれない。

むしろ、その他の状況を考えれば、そのもたらすであろう途上国からの資金還流等、国際金融市場の不安定性に注目すべきではないかと思われる。

わが国としてはTPPを含め、どういう貿易政策をとるのか、彼我の金利差が拡大する中での金融政策はどうか、欧州情勢もあり、主要国の財政の健全性に市場の目が注がれた時への対応を、どうするか等が課題であろう。

（2017年1月12日）

世界経済の道筋

■米国は堅調

このところ、世界では、大統領選挙時のトランプ大統領関係者のロシア疑惑、米国のパリ協定からの離脱表明、英国における政権の強化を求めて行われた選挙での保守党の後退、世界各地に見られるISがらみのテロといった不安定要因のニュースが目につく。ところが、こと経済については、当面の道筋が見え始めたようである。

まず、米国では、大統領選挙中に掲げられた大胆かつ野心的な経済政策が、そのままでは実行されないことが明確になりつつある。例えば、10年間で1兆ドルとされたインフラ投資も、初年度の予算案では、政府の支出が200億ドル、その他の支出が800億ドルで合計1千億ドルとされている。

こういうことであれば、10年間のインフラ投資も、これまで言われていた1兆ドルの公共投資ではなく、2千億ドルのそれということになる。

法人税の35%から15%の減税や所得税の減税の提案は、そのベースとされる歳入、歳出の計算の根拠が怪しい等の理由から、このままでは仮にその関連法案が議会に提出されても、審議は行われないだろうと言われている。

歳出改革の目玉の一つであった、いわゆるオバマ社会保障の抜本的改革も、大統領が提案している代替案では、与党共和党の同意が得られないだろうと言われている。

かくして、選挙中に新政権に期待されていた財政面からの米国景気刺激効果は、働きそうもない。だとすれば、トランプ大統領就任直前から続いてきた将来を先取りした株価上昇に支えられた活況は、その根拠が薄れることになる。

金融政策については、4・3％前後という低い失業率と、着実な物価上昇を背景に、2017年6月に、予想通り異次元の金融政策終了後に第4回目の金利の引き上げが行われ、米国の政策金利は1％となった。17年中にもう1回の引上げが、18年も金利の引上げが何回かに分けて行われそうである。言われていたシナリオ通りである。

■混乱回避の欧州

このように、米国経済については、年初に予想されたような心理的要因に導かれた活況の是正が図られる一方、今後は経済成長率、雇用等の実態経済に着目した地味な堅調化の道をたどるのではないかと思われる。

金利の継続的引き上げは、他国の金融政策や、経済動向次第ではあるが、世界の金融の不安定化要因ではある。だが、今のところその兆しは見られない。残された不安定要因は、9月末の政府の借入限度の処理ぐらいである。

17年の年初来注目されていた英国のEU離脱交渉のもたらす不安定化についても、道筋が見え始めた感がある。最大の懸念は、重要な選挙を控えていた欧州大陸諸国において、英国離脱の決定が引き金となって、反EUの動きが強まり、EUからのさらなる脱退、ひいては共通通貨であるユーロの不安定化が生じるのではないかということであった。

現実には、オランダは3月の選挙でEUに懐疑的とされた政党は政権を取るには至らず、フランスではEU離脱を掲げたルペン党首の政党の大幅な躍進はならず、逆に欧州派のマクロン氏が予想に反した大幅な支持を集め、大統領に選ばれた。

今夏（17年）に総選挙が予定されているドイツでは、最近の地方選挙の結果によれば、メルケル首相の率いるCDUへの支持率が、予想された以上に高いことが判明した。EUの中核である同首相の4期目の続投が有力視されている。

だとすれば、懸念されていた欧州の金融・経済の混乱の可能性は相当低くなったようである。詳細は省くが、ユーロ圏の金融の統一は着実に進んでいる。

ユーロ圏の金融政策についてみると、欧州中央銀行（ECB）は、わが国同様、異次元の金融政策を実施中である。現在その政策を縮小する方向であり、年内にその具体策を打ち出すかが注目されている。

英国は、前任の首相に続いてメイ首相の国民への意向打診は裏目に出た。選挙の結果、政権政党である保守党は後退し、「強硬な離脱」を目指すという方針の維持は難しくなった。EU離脱交渉では、よりソフトに対応せざるを得ない。

この離脱交渉は、予定通り2019年3月までに完結することが一層困難となった。われわれは、この問題の長期化を覚悟すべきであろう。

中国は、17年秋の共産党大会までは、とにかく経済的な安定を目指すことが予想されている。その問題先送り傾向のもたらす長期的な負担増がどうかという問題はあろうが、経済的な波乱は当面考えにくい。経済の状況は、むしろ上ぶれの傾向がみられる。

このようにみると、世界経済は当面、少なくとも年内程度は、格別の波乱要因はなさそうである。かくして、わが国経済の今後は、従来にも増して、わが国自身の政策にかかっているようである。


（2017年7月6日）

英国のEU離脱（上）　背景にある歴史的な軋轢

■長い一体化の足取り

2016年6月23日、英国民は、EU（欧州連合）を離脱するかどうかを問う国民投票において、僅差で離脱する方を選んだ。

今後、英国とEUとは、短くとも2年、完結までは7年もかかるとされる離脱交渉に入ることになろう。投票結果の後、英国ポンドを中心とする世界の為替、株式、資金等、金融面での不安定が世界的な規模で生じている。

わが国についていえば、円相場の高騰、株価の下落がみられ、実態経済面でも、今後の経済の停滞が懸念されるところである。

今後の金融・経済を予測する為には、まず、この英国とEUとの交渉がどういう経緯をたどり、どういう決着をみるかを予測する必要がある。しかし、その予測のためには、今回英国が離脱を選択した背景は何かについて、経済、政治、歴史各方面からの総体的な把握が必要である。

歴史的にみれば、英国のEUへの加盟は、英国とドイツ、及びフランスを中心としたヨーロッパ大陸国との長い軋轢《あつれき》と折衝の結果である。そのプロセスは、英国による先方に対する当初の過小評価、再評価後の方針変更、そして先方の仕組みへの加入、その中での可能な限りの例外的取り扱い確保のプロセスであったといえよう。

EUは、関係国の政治及び経済の統合を究極の目的とするが、それは突然出来上がったものではなく、第二次大戦後の欧州大陸諸国の長い一体化の歴史を経て、成立したものである。

その起源は、1951年のドイツ、フランス、イタリア、オランダ、ベルギー、ルクセンブルクの6カ国からなるＥＣＳＣ（欧州石炭鉄鋼共同体）である。これより国家建設の基本的素材である鉄鋼と石炭についての協力体制が確立された。時の英国の指導者たちは、その内部検討文書によれば、このＥＣＳＣは、うまくいかないと判断したとされている。

だが、これら6カ国は、58年には、ＥＥＣ（欧州経済共同体）を発足させた。これは、関係国の経済取引の一体化を進めようとするものであり、これら6カ国の間の関税を廃止し、非メンバー国に対しては、各国とも同じ関税を課すことにする（いわゆる関税同盟である）というものである。

英国はこのＥＥＣがかなり進展した60年、マクミラン首相の下で、第二次大戦後の世界の政治、経済情勢を再検討し、その結果、欧州大陸諸国への政策を改めることにした。そして同年、英国はＥＥＣに対抗して、スウェーデン、ノルウェー、デンマーク、オーストリア、スイス、ポルトガルとともに、メンバー国の取引に関税を課さないとするＥＦＴＡ（欧州自由貿易連合）を創設した。

■異質の英国

ところが、英国は73年、デンマークとともにＥＦＴＡを脱退し、ＥＥＣの後継であるＥ

C（欧州共同体）のメンバーとなる。

関税同盟であるEECは67年、経済全体を一体化するECに発展していたのである。英国のその加盟はスムーズに行われたわけではなく、その加盟申請は2回にわたり、時のフランス大統領により拒否されている。

この時期、私は英国に留学していたが、英国人は専門家を含め、この欧州大陸の拒絶に大いに憤慨したものである。英国の論理は、英国のEC加盟は、ECの経済規模の拡大を意味するので、それはフランスやドイツも当然歓迎すべきものであるというものであった。英国は欧州大陸諸国の意向を読み違えたのである。

EUは、1993年11月、その基礎となる「マーストリヒト条約」の発効により、当時の英国を含めたECメンバーである12カ国で発足した。

EUに関して英国は原加盟国ではあるが、同国は現在もそのEUの仕組みの中でいくつかの点で異色の存在となっている。何よりも同国は共通通貨である「ユーロ」の構成国ではない。

現在、EU加盟の28カ国中19カ国は、「ユーロ」のメンバーであるが、EUの主要メンバー国である英国は、これに参加しておらず、自国通貨である「ポンド」をもっている。

この共通通貨であるユーロの19カ国の金融政策は、欧州中央銀行（ECB）が、（当然同一のものを）実施しているが、英国の金融政策は、その中央銀行であるイングランド銀行が行っている。

他方、このＥＣＢは、ＥＵ全体の中央銀行の側面もあるので、英国はＥＵの加盟国として、ＥＵ内の金融分野の大まかな政策については相応の発言権を持っている。しかも、同国は、ＥＵの金融制度を所轄するＥＵの金融委員会の議長を伝統的に務め、大きな影響力を行使しているのである。

（２０１６年８月４日）

英国のＥＵ離脱（下）　わが国は一喜一憂するな

■長期化する交渉

英国のＥＵ離脱の背景について、もう一つ重要な点は、英国がＥＵ問題を、これまで主として自国の経済、特に貿易との関係で評価しており、政治、外交及び広く社会全体にかかる問題として評価してこなかったことである。

離脱投票のキャンペーン中では、ＥＵ加盟存続派は、ＥＵのメンバーであることに伴う雇用の拡大、ＥＵのメンバー国との貿易取引の多さ等をそのメリットに挙げた。

他方離脱派は、英国の貿易取引の相手方としては、中国やインドをもっと活用すべきだとか、米国やカナダとの関係を強めるべきだとか、さらには旧英連邦諸国があるではないか等と反論した。

現在も英国の世論をみる限り、ＥＵとの関係を貿易取引との関係でとらえるという英国民の基本的な視点は、変わっていない。

他方ＥＵは、第二次大戦後、現在の姿にいたった経緯に鑑《かんが》みても、またＥＵを規定する１９９１年に起案された「マーストリヒト条約」をみても、貿易や経済の共同体以上のものである。

条約によれば、その目指すところは、「経済・通貨統合、政治統合、内務・司法面の協力」等である。英国内の離脱派の主張の大きな根拠に、ＥＵから離脱して、「主権」を回復し、外国からの移民を制限しうるようにしようというものがあった。これはそもそも、ＥＵへの加盟自体が、各国の固有の主権を一部放棄して共同体を作ろうというものであることについての理解が、当時から英国民に薄かったことを物語っている。

こにようなヨーロッパ諸国と英国の見解の相違は、さらに根深いものがある。ある英国の識者は、第二次大戦は、英国にとっては単に「戦勝国」となったことであったが、欧州大陸諸国にとっては、強国として生き残る為には「共同体」によるしかないという結論だったとしている。

以上のようにみると、今後の展開は格段に複雑である。英国を始め関係当局は、国内での議論を整理した上で、国内世論の動向を睨《にら》みつつ、離脱の交渉をしなければならない。

当事者の一方である英国は、国として独立した存在であるが、相手方であるEUは、国家としての一定の権限はメンバー国から移譲を受けているが、残された権限は依然としてそれを構成する27カ国の手元にある。

従って離脱を完結し、それに代わるべき新たな関係が確立されるためには、英国とEU、そして英国と27のEUメンバー国との間の複雑な交渉、夥《おびただ》しい数の条約や取り決めが必要となる。

その交渉は長期化するであろうし、この間に、金融面、実態経済面で多くの不安定と安定とがくりかえされるであろう。

■過剰反応は禁物

われわれはどう備えるべきであろうか。

最も大切なことは、今後伝えられるであろう個々の交渉の進展に一喜一憂したり、過度の反応をしたりしないことである。欧州情勢のニュースが正確に入るとの保証はないし、各種のメディアを通じて提供される解説が、正しいものとは限らない。

２００８年のリーマン・ショックの時のように、個々の悪いニュースに過剰に反応して、主要国の中で金融機関の受けた傷が格段に浅かったわが国が、先進主要国の中で最大のマイナス成長率を記録したという愚を繰り返してはならない。

第２に、欧州における貿易、投資環境についてである。

英国を中心とする多国間交渉は、結局は現在のＥＵの制度をベースに行われるであろう。そしてその基本は、英国が、離脱後も現在ＥＵメンバー国から受けている便益を、どの程度受け続けられるかということになろう。

だとすれば、ヨーロッパにおける企業、特に製造業の拠点の場所としては、迷ったらＥＵのメンバー国内を選択することが無難だということになる。

第３に、金融面についてである。

ＥＵ離脱後も、世界の金融政策の主役が、現在と同様、米国のＦＲＢ、ユーロ圏のＥＣＢ、日銀、イングランド銀行の４行であることに変わりはないことから、金融政策にこれに由来する大きな変化は考えにくい。

ただ、本件が本来的に経済、金融の不安定要因であることから、現状では、金融政策への負担は、さらに強まることが懸念される。また、財政政策についても、英国がその財政黒字の2020年の回復を諦めたように、健全化政策の後退がみられよう。

第4に、ロンドンの金融センターとしての位置づけが変わるかどうかである。市場取引は、ダブリンかルクセンブルクに、大型の取引はフランクフルトかパリに移る可能性があるといわれているが、金融センターたるゆえんは、これらの取引が1カ所で行われることである。

その各種インフラの整備状況からみても、ロンドンの地位は大きくは変わらないと思うが、この結論について自信はない。

（2016年8月5日）

第6章　アジア経済と日本

ＡＩＩＢ――開発政策からの議論を

■資金の確保が焦点

中国が提唱したＡＩＩＢ（アジアインフラ投資銀行）について、その議論が活発である。参加を表明しないとみられていた英国を始めとする欧州諸国が、参加の意向を示したことから、「わが国は他の主要国の動きの予測を間違ったのではないか」とか、「これは現在の米国による国際金融秩序に対する挑戦である」とする見方もある。

だが、この問題については、途上国の開発政策の観点からの議論や、経済学的見地からの議論が、もう少しあってしかるべきであると思う。

第1に、開発政策の仕組みの観点からである。

途上国の経済発展の促進は、世界的な課題である。そのためには、当該国の努力と外部からの支援が不可欠である。外部からの支援としては、日本、米国等の個々の国の支援と、国際的な機関を通じた支援とがある。

融資を通じて途上国の経済発展を支援する国際機関は、開発金融機関と言われる。これは現在、二重構造となっている。

世界全体を対象とする世界銀行と、各地域を対象とする地域開発銀行とがある。中南米、アジア、アフリカ、欧州を対象とする米州開発銀行、アジア開発銀行、アフリカ開発銀行、欧州復興開発銀行である。

ＡＩＩＢの議論は、現在存在していない機関を創設しようというのではなく、すでにアジア開発銀行が存在しているところに、これと重畳的な新たな機関を創るかという問題である。ＡＩＩＢに参加するかどうかは、その機関という点に着目すれば、類似の機関に出資している各国が、重複する出資を行うかという問題である。

第2は、ＡＩＩＢの提供する資金の原資についてである。

多くの議論は、これらの開発金融機関が途上国に融資する資金の原資は各国の出資金であり、主要出資国が、巨額の資金を提供するということであれば、その為の資金は十分であろうとしているようである。

だが、必ずしもそうではない。

これらの開発金融機関は、例えば世界銀行債とかアジア開発銀行債とかいった債券を発行し、これを投資家に買ってもらって資金を調達し、貸し付けている。これらの債券の期間は通常5年、10年、ものによってはそれ以上に及ぶ。

つまり、ＡＩＩＢが順調に活動する為には、これらの債券を、投資家である世界の民間銀行や保険会社、年金基金が購入してくれることが前提となる。

ＡＩＩＢの現在言われている株主構成やそのプロジェクトの選定主体、選定方針の下で、先に述べたような各種の投資家が、その債券をどの程度積極的に購入してくれるかが一つの焦点なのである。

■日本の知的貢献

第3は、開発政策の内容である。開発政策で肝心なことは、資金の調達もさることながら、いかなる開発政策がその国にとって最適かを見出すことである。

実は私自身は若い頃、開発政策を勉強し、１９９０年から94年にかけて、わが国の途上国援助政策に深く関わった。前半は、当時世界銀行の融資残高の実に3分の1に上る融資をしていたわが国の海外経済協力基金の総務部長として、後半は、大蔵省国際金融局の途上国援助政策担当の審議官としてである。このことは、それらの経験に基づく率直な感想である。

ちなみに、現在わが国がＩＭＦ（国際通貨基金）や世界銀行で、米国に次いで第2位の株主であり、アジア開発銀行の歴代総裁を輩出していることについて、その理由を、わが国の経済力や金融力の大きさや強さに求める見方が多いが、それだけではない。それは、わが国が多年にわたり世界経済の発展を目指して、必要な開発政策の策定に知的貢献を行い、それらを実践し、自ら経済成長に成功し、現在も途上国の為に支援や政策のアドバイスを行っているからでもある。

開発政策について言えば、すでにこの途では、世界的な古典となっている経済発展の「雁行理論《がんこう》」を提唱したのは、わが国の赤松要教授（１８９６―１９７４）である。

戦後わが国は、種々の政策努力により驚異的な経済発展を遂げ、遂《つい》には欧米諸国以外で唯一、先進国経済サミットのメンバーとなり、Ｇ５やＧ７の一員となった。

また、わが国は、世界の開発政策に関して、これを主導する世界銀行等と累次にわたり政策論争を行ってきた。

例えば世界銀行に対し、１９６０年代以降のわが国や韓国を中心とする東アジアの経済発展の分析を行い、その教訓を世界の他の地域に活かすことを強く求めた。

93年に公表された「東アジアの奇跡」の報告書により、60年から90年までの間、日本、韓国、台湾、香港、シンガポール、インドネシア、マレーシア及びタイが、世界に類のない驚異的な経済発展を遂げたこと、しかも高い経済成長と所得格差の縮小という、通常は両立し難い開発政策の２つの目的を同時に達成したことが示された。

92年のインドの経済危機の際には、わが国とアジア開発銀行は、真っ先にその支援を行ったし、97年から98年の「アジア通貨危機」の際には、これらの国に対する金融支援のみならず、これら各国に対するＩＭＦの政策の一部変更を求め、これを実現させたはずである。

ＡＩＩＢを巡っては、もう少しこうした視点からの議論があってしかるべきではなかろうか。

（２０１５年5月14日）

中国の対外金融政策に親身の助言を

■話題は長期資本の輸出

近年、中国の世界経済の成長への貢献は著しい。長期間にわたり、10％を超える成長を記録したし、２００８（平成20）年の「リーマン・ショック」以降の財政、金融両面からの積極的な政策は、世界全体の成長の下支えとなった。

加うるにここ2、3年は、金融面での積極的政策が目立つようになった。

これらも踏まえ、15年末には人民元が現在米ドル、ユーロ、円及び英ポンドからなる国際通貨基金のＳＤＲ（特別引き出し権）の構成通貨に加えられることになった。

諸外国に対する金融としては、アフリカを始めとする途上国への個別の支援が顕著であったが、最近は「一帯一路」の政策の下、アジアとヨーロッパを結ぶ海、陸の線や面をとらえるという、より包括的かつ戦略的なものとなりつつある。

その結果、これらの計画によれば、中国は今後長期にわたり大量の長期資本の輸出をすることになる。正直なところ、わが国において、長年経済政策を担当した者として、同国のその内外経済政策が、整合的なものかどうかについては、多少の心配をせざるを得ない。

国際金融論の観点からは、こういう積極的な対外金融政策をとるということは、長期資本の大量輸出を、今後長期にわたって続けることを意味する。これを可能にする為には、貿易収支黒字を中心とした、経常収支の大幅な黒字を長期的に続けることが必要である。

他方、中国の経常収支の黒字は、現時点では減少傾向にある。言われているように、今後同国が超高度成長から安定成長に移るとすれば、経常収支の黒字が将来、拡大傾向に転ずることを期待することは難しい。

このことは、同国が輸出と公共投資中心の成長から、国内消費中心の成長に移行するとしていることからも、容易に推測される。

もっとも、経常収支の黒字減少下でも、大量の資本輸出を続ける手段が他にないわけではない。それは、国内部門において、大量の貯蓄余剰を造り出すことである。これを行う最も単純かつ確実な方法は、国内で大幅な増税をし、併せて政府支出を大幅に削減すること、すなわち、政府部門の貯蓄を大幅に増やすことである。

だが、これを環境の改善、社会保障の充実など、国内に多くの歳出項目を抱えている国で行うことは容易ではあるまい。

もう一つの残された手段は、国内消費支出を抑えて、家計部門の貯蓄を増やすことである。しかしこれも、輸出主導型の経済から消費主導型の経済への転換を目指すという、国全体の経済政策と矛盾することになる。

■親身で有益な助言を

不思議なのは、こういう常識的なことを、主要先進諸国が指摘しないことである。

同様のことは、中国の金融力の評価についてもあてはまる。例えば、中国の外貨準備高が、世界第1位であることをもって、同国に異常な国際金融余力がある事を示す証拠であるという議論についてである。

中国のように、企業や家計の外貨資産の保有が完全に自由化されていない国のそれと、自由化されている多くの先進国のそれとを、単純に比較することは誤りである。

ちなみに外貨準備とは、通貨当局が保有する流動性のある外貨資産である。外貨資産の保有が自由化されていない国の企業や個人は、一定の要件に該当する分を除いて、その外貨資産を通貨当局へ売却しなければならない。

その結果として通貨当局の有する外貨資産の金額は、そうでない国に比して相対的に多いものとなる。その結果、これらの国の計数を単純に比べれば、こういう自由化の進んでいない国の国際金融力は過大に評価されることになる。

ＡＩＩＢの資金力についてもそうである。その資本金は１０００億ドルと言われているが、これは、いわゆる「授権資本」であり、通常の意味での資本金は、その５分の１である２００億ドルのはずである。

そしてその大部分は、拠出国債で払い込まれるであろうから、現金による払い込み額はその割合を10％と高く見積もっても20億ドルである。貸し出し資金の原資の大宗《たいそう》を提供するはずのＡＩＩＢ債は、その発行に必須の投資適格の格付け取得のメドも立っていない。

問題は、多くの専門家がこういう事実を知りながら、それを無視して同国の対外金融政策を評価しているように見えることである。

中国経済の長期的安定及びその安定成長局面への円滑な移行は、中国にとってのみならず、世界経済の為に大切なはずである。主要国は、中国への輸出額の増大など、短期的な自国の利益を期待して、耳障りの良い言辞を弄することなく、親身になって有益な助言をすべきではなかろうか。

（2016年1月7日）

ADB福岡総会――地方活性化へ20年前の教訓

■出身者を頼りに霞が関廻り

2017（平成29）年5月4日から7日まで、横浜で第50回アジア開発銀行（ADB）年次総会が開かれた。

実は、ちょうど20年前の1997（平成9）年の5月11日から13日まで、第30回ADB年次総会が福岡で開かれている。その様子は、時の大蔵省広報誌の『ファイナンス』に次のように紹介されている。

「（その）的確な総会運営や、地元を挙げての歓迎イベントの充実ぶりは、参加者に大好評であった。このことは、福岡の知名度を国際的に広げるとともに、地方都市の能力の高さを示すことにより、日本の潜在能力の高さをアピールすることが出来たと考えられる」

現在、「アジアのゲートウェイ」と言われる福岡を中心とした九州の経済的活況は、各種努力の結果でもある。

その当時の福岡市長である桑原敬一氏は、労働次官を3年務めた後、福岡市の助役に就任、1986（昭和61）年には選挙を経て市長になり、福岡の国際化を強力に推進した。

当時大蔵省に勤務していた私はある時、福岡市の助役さんの訪問を受けた。「福岡に誘致する国際的な催しはないか、それを求めて福岡県出身者を頼りに霞が関を廻《めぐ》っている」とのことであった。

私は大蔵省関連のものとして、サミット（先進国首脳会議）、IMF・世銀総会、ADB総会等を挙げたように思う。

すっかり忘れていた頃、今度は若い課長さんが上京された。ADBの総会を福岡に誘致したいが、その開催にどのような準備が必要か、それを知るすべはないだろうか、ということであった。

確かに、アジア開発銀行は日本が提唱して創設した機関であり、その創立総会は東京で開催され、その節目の第20回総会は大阪で開かれている。30回目の総会を福岡でというのは、良い考えであると思われた。

私はその場で、大阪総会を主催した関係者に、当時の関係資料で開示出来る物を彼に見せてほしいと依頼の電話をした。この課長さんは、先方の都合がよければ、これから直ちにそちらに向かいますと言う。市の職員の熱い思いがよくわかった。

■成功に必要な要素が凝縮

地元の福岡での動きは早かった。福岡ＡＤＢ総会の際に、福岡商工会議所の会頭を務めることとなる西日本銀行の後藤達太頭取は、大蔵省の出身でもあり、極めて積極的であった。

地元の結束力は固く、仕事の上では競争関係にある西日本銀行、福岡銀行、福岡シティ銀行の各頭取がそろって、年１回開かれるＡＤＢ総会に、３年連続して出席し、アピールした。

問題は、どうしたら福岡が、国内の候補地に選ばれるかということにあった。

福岡が大蔵省に提出した資料には、当地の各施設やその行事運営能力が、第20回ＡＤＢ総会を主催した大阪に比して、いかに遜色がないかが詳細に示されていた。

しかし、福岡以外にも誘致を検討している自治体があった。特に名古屋は熱心であり、立候補の意図を表明した。広島や横浜も検討中らしいとの情報が入った。

私の上司である国際金融局長は、東海財務局長経験者であり、当然、名古屋開催に強い興味を持っていた。1992年夏から94年夏まで、本件を所掌する大蔵省国際金融局の援助部門担当を総括する審議官であった私は、福岡に強い思いがあった。

93年の第25回のマニラでの総会の時の大蔵大臣は、林義郎大臣であった。われわれは、「福岡が名乗りを上げているがどう思うか」という質問に対する大臣用の想定問答を準備していた。実際にその質問が記者から出された時、大臣は「私は隣の山口県出身ですから、福岡は積極的に応援します」と、準備した回答以上に踏み込んだ発言をされた。

様々な経緯があったが、結局、福岡に決定した。すでに91年に類似の米州開銀（IDB）総会を主催した名古屋は、説得されて辞退したが、よほど残念だったらしく、「もし準備の途中で福岡が投げ出したら、われわれはいつでも引き受けます」とのセリフつきだったそうである。

94年5月、藤井裕久大蔵大臣は、フランスのニースで開かれた第27回総会で、ADBの第30回総会について、日本の福岡への誘致を表明した。

大臣による内外記者の会見の席では、パリ駐在の西日本新聞支局長から「福岡という所はヨーロッパでは余り知られてないがどんな所か」と、用意された質問があり、大臣はとうとうと、福岡の魅力とその会議運営能力を説明した。このニースでの会合で、福岡総会が事実上決まったのである。

このプロセスに長く係わった私は、福岡総会の時にはすでに国際金融局を離れていた。しかし、それまで5年間、援助政策に関わってきたこともあり、私はＡＤＢ主催の国際セミナー「健全な開発管理政策」のスピーカーとして参加した。

20年以上経った今、この事例は、この種プロジェクトの成功に必要な要素を、簡潔に凝縮している。それは、明確な戦略に基づく長期的計画、自治体の長による強力なリーダーシップと、それを支える職員の情熱と能力、地方と中央の緊密な協力、財界、ジャーナリズムを含めた地元の一体的サポート、理解ある政治家の支援、である。

おそらく結局は、こういうことに成功した地域が、この地方活性化の時代に勝ち残るのであろう。

（２０１７年5月11日）

第7章　わが国の経済政策

経済理論の体系的把握を——望ましい政策提言

■経済理論の活用を

いつの難しい時代もそう思われるのかもしれないが、現在は多くの分野で、これまでとは異質の問題に直面しているようである。世界の政策当局は、それへの対応策に苦慮している。

経済面でもそうである。われわれは、現在長期にわたって物価が、ほとんど上昇することがないという異常な現象に直面している。わが国やヨーロッパでは、物価を引き上げるべく、中央銀行による国債の大量購入という、これまでの「禁じ手」を採りつつあるが、成果ははかばかしくない。

高名な経済学者であるハーバード大学のサマーズ教授は、世界は新しい事態に立ち至ったとして、これまでにない取り組みが必要だと、文字通り世界を飛び回っている。

私は、現在の経済政策について、混乱の原因の一つは、政策当局者の経済理論に関する知識が不十分であることではないかと考えている。そして、そこには、今日の経済学者の多くが、経済理論全体についての体系的な把握が不十分であることが、背景にあるのではないだろうか。

自己の学んだ学派の理論には精通しているが、その自らが属する理論の経済学全体における位置づけについての理解が、不十分なのではないかという疑問である。

■ケインジアンとマネタリスト

私が経済学を本格的に学んだのは、1967（昭和42）年から69年であり、随分昔のことである。当時オックスフォード大学は、「正統派」ケインジアンの全盛期であったようであり、長老的存在としてJ・R・ヒックス教授、引退直後のロイ・ハロッド卿、脂の乗り切ったR・C・O・マシューーズ教授がいた。

密接な関係にあったケンブリッジ大学には、ジョーン・ロビンソン教授やカルドア卿らが、いわゆる「ケインズ左派」を形成していた。

ケインズのマクロ経済政策についての大きなテーマは、彼の時代の英国の経済構造の下で、最適の経済政策は何かということであった。その結論は、国全体の需要が弱い時には財政支出の拡大、減税、金利の引き下げ等の緩和的金融政策により内需を拡大すべきであり、経済が過熱した時には、その逆を行うべしということであった。

この考え方は、第二次大戦直後の、失業者があふれ、活用されない物的資源が多く存在していた時期の英国においては、財政支出の拡大等により、内需の拡大をすべきだということになる。

かつて、わが国の池田勇人内閣が「所得倍増計画」を掲げ、内需拡大策を長期的に採用し、高度成長時代を実現し得たのも、また近年、中国が内需拡大策を積極的に推進して、高い成長率を実現出来たのも、増加する労働力人口をはじめとした各種資源の余剰が存在したからである。

当時、ケインジアンの論敵は、ミルトン・フリードマン教授を中心とする「シカゴ学派」と呼ばれる「マネタリスト」であった。

世の中は市場に委ねれば万事うまくゆく、政府が政策手段を動かしてもうまくいかない、全てを「神の手」に委ねるべきだと説くこのマネタリストは、ケインジアンにとって不倶戴天の敵であった。

マネタリストにとって存在しうるマクロ経済政策は、唯一、どんなことがあろうと、その国に適した一定の率でマネー・サプライをコンスタントに増加させることであった。これは、経済情勢に応じて政策を変えようというケインジアンとは相反する。

これは、金利の変動が、時々の経済に与える影響を無視せよということを意味するし、この点も、経済の調節の為に金利を動かすべきであるというケインジアンとは、相いれないところであった。

ちなみに、米国では「ケインジアン」とは、財政の悪化など気にかけずに、国債を増発してでも財政支出を増やして景気を拡大することを主張する人々と、一般的には理解されている。

■所得格差と厚生経済学

1980年代後半から主要先進国を席巻した政策は、構造改革であった。小さな政府、規制緩和、行政改革、官から民へといった政策が、「構造改革」の名の下にサッチャー、中曽根、レーガンら関係国首脳によって強力な政治力によって推進された。

この改革は、多くの分野に及ぶが、経済学的にみれば、高い経済成長を潜在成長率の引き上げによって達成しようというものであった。労働力を含め、資源がいわゆる完全雇用の状態になった下で、さらに経済成長率を高めるためにはそれが必要であった。

これは、資源が余剰の状態であることを前提とし、既存の経済構造の存在を前提としたケインズの時代に放置されていた政策である。とは言え、ケインズの経済理論としてそれが欠落していたわけでもなく、われわれも、いわゆるケインジアンの推奨する経済政策が、そういう限定つきのものであることを、しつこく教えられたものである。

この間、忘れられたように思われるのが、長い間ケンブリッジ大学の教授であったA・C・ピグーらによって主張されていた「厚生経済学」である。

経済学を学ぶ目的を、社会の改善だとするこの学派は、自由競争に基づく市場経済が何故世の中に役立つのか、その限界はどこかを追求した。このグループは、経済の成長とともに所得格差に注目した。

この学派の行き着く所は、経済が成長しても、個人間の所得格差が拡大すれば、その政策は果たして好ましいかということになる。ここ1、2年、先進国で所得格差が問題となりつつあるが、近年の所得格差の拡大は、この学派の衰退と深い関係がありそうである。こういう脈絡の中で、現在のわが国の経済政策を眺めると興味深いことがわかる。

■潜在成長率の引き上げ

わが国の中央銀行は、目下マネタリスト的な政策を強力に展開している。「マイナス金利付・量的・質的金融緩和」策により、金利については、長期のそれを含め金利水準全体の低下と長短の金利差の縮小（いわゆる「イールド・カーブ」の押し下げ及びフラット化）を図り、併せてマネー・サプライを増加させることにより、物価の上昇を図ろうとしている。

マネー・サプライの増加を通じて物価上昇を図るというのは、「マネタリスト」そのものであるが、他方、政策目的の為に意図的に金融政策を採用すること、及び金利の変動を政策手段に選択することは、著しく反マネタリスト的である。

わが国の政府の現在の最大の経済目的は、景気、すなわち経済成長であり、その中心的政策は内需拡大である。消費税の２％の引き上げ再延期、危険水域下にあるとみられる財政構造（本来は、このこと自体が構造改革の対象であるはずであろう）の下での積極的財政出動が、その具体的措置である。

ところが、内需拡大を推奨した伝統的ケインジアンの政策は、既述の通り、豊富な労働力等の余剰資源の存在を前提としたものである。

わが国のように、労働力が減少しつつある国で成長率を高める為には、何よりも、可能な経済成長の天井を高めること、すなわち潜在成長率の引き上げが必要であり、その手段としての構造改革の強力な推進が不可欠であることは、マクロ経済学の理論を学んだ者の常識といってよかろう。

わが国の学界の経済理論全体の体系的な把握の不足と、それに基づく政策提言が、政治の短期的思考と相まって、今日のわが国のいびつな経済政策をもたらしているのではないかと思うのである。

（２０１６年６月16日）

経済・財政政策に深い議論を〈経済財政運営の基本的態度〉

■「構造改革」の重要性

通常国会が開かれ、来年度予算の審議が行われ、その模様がテレビ、新聞を通じて広く報道される。各種の議論が活発に行われていることは、国政に関する国民の関心を高める上でも好ましいことである。望むらくは、「予算」そのもの及びそれと密接に関連する経済政策についての、もう少し深い議論がほしいところである。

政府が2018(平成30)年1月22日に閣議決定した「平成30年度の経済見通しと経済財政運営の基本的態度」は、頭初に「今後の経済財政運営に当たっては、引き続き、『経済再生なくして財政健全化なし』を基本とし、600兆円経済の実現を目指す」と述べている。

すなわち、現在わが国の経済運営で格別議論の多い「財政赤字」について、経済の再生が財政の健全化に優先するとしている。そして、次に、その経済運営の目的が600兆円経済の実現である、としている。この2点については、相当の議論があってしかるべきだろう。

まず、「600兆円経済」については、わが国の経済政策目標がGDPでいくらであるべきだということが、国民の主たる関心事項であるとは言い難いように思う。仮にそれが目指すべき計数であるとしても、政策運営の方針としては、「いつまでに」が言及されないと意味が薄い。

成長がある程度続く経済では、いつかはGDPが現在の550兆円からこの600兆円に達するだろうからである。前者の「経済再生」が、「財政健全化」に優先すべきだという判断は後述の通り、わが国の財政の現状からみて極めて重大な判断である。

この閣議決定は、次の段落で、その大目的達成の為の手段について述べている。

そこでは、「少子高齢化という最大の壁に立ち向かうため、『生産性革命』と『人づくり革命』を車の両輪として、取り組んでいく」としている。

すなわち、「少子高齢化」が最大の壁（何の壁なのだろう?）であるとし、それに対応するための策として、2つの「革命」を提示している。そして、その達成のフレームワークについて、前者については、2020年度までの3年間に集中的に、後者については、この3年間に将来の為の基礎を築くとしている。

「600兆円経済」の達成の手段の記述中に、突如として「少子高齢化」が示されているのも理解に苦しむところである。それは惜くとして、この段落はとにかくわかり難い。仮に現下の経済運営の最大の目標が、ある一定のGDPの実現であるにしても（私はそうは思わないが）、国民が興味を持つのは、その目標を実現すべき要素は何であり、その要素実現の為に、どのような具体的な措置をとるか、それは何故か、であろう。

例えば、この目的達成の為に、GDPの構成要素である労働力の増加、資本の増加、それに総要素生産性（TFP）のそれぞれに、どのような貢献を期待しているのか、そしてその貢献のために、いかなる措置を実施しようとしているのか（おそらく「生産性革命」と「人づくり革命」はこれに対応したつもりであろう）を、わかり易く示すべきである。労働力については、前記のような脈略の中で、ここに女性の労働力参加、若年労働者の雇用増、外国人労働者問題への取り組み等が記述されるべきであろう。

続けて、資本の増加についての記述もあるべきだろう。労働力人口が減少する中での生産性の増加の役割は、格段に大きいはずであり、その観点からは、個々の企業の生産性の向上を意味するらしい「生産性革命」もさることながら、社会全体の生産性の向上をもたらし、わが国経済全体の潜在成長率を上げる「構造改革」の重要性が、強調されるべきではなかろうか。

そもそも、GDPを引き上げる議論の中で、「構造改革」が言及されていないのも不思議な話である。

■「財政健全化」

閣議決定の第3番目の段落は、社会保障制度について、第4番目の段落は、「財政健全化」についてである。

この第4の段落は、「基礎的財政収支（プライマリー・バランス）の黒字化を目指すという目標を堅持し、同時に債務残高対GDP比の安定的な引き下げを目指す」とした上で、「来年の『経済財政運営と改革の基本方針』においてプライマリー・バランスの黒字化の達成時期と具体的な計画を示す」としている。

国会に提出されている来年度予算案をみると、経済が順調に推移しているこの状況の中で、国の歳入の34％が借入金ということになっている。このような政策の結果、わが国の一般政府の総債務残高は対GDP比で約240％に、一般政府の財政赤字の対GDP比は約4％となっている。これは、例えばユーロ圏諸国が、前者については60％以下にする努力を、後者については3％以内に抑えることを義務づけられていることなど、諸外国に比べると異様な状態である。

「プライマリー・バランスの均衡を図る」といっても、それは、その時点で国の財政収支を均衡させるということではない。国の借入金の残高のGDP比の上昇が、そこで止まるということを示唆するだけである。その年度まで、国の債務残高の対GDP比は上昇し続けるのである。

また、その目標年次は、長らく2020年度とされていたが、17年夏の試算では2025年度と、現時点の試算では2027年度と推定されている。

歴史をたどれば、この目標年次は2011年度とされていたはずである。これまで、年を経るにつれて先延ばしにされてきたのが実態である。

そういう難しいテーマについて、目標年次と、それを達成する計画を作るための時間的フレームワークを示すだけで、その具体的な措置の内容も、あるいはそのベースとなる考え方も示されていない。これらにどう取り組むかは、現在審議されている来年度予算の内容に反映されているはずである。ここは相当議論されてよいのではなかろうか。

現在のところ、わが国のこの財政赤字については、この経済再生が先であるという論のほか、企業と異なり国には課税権があるから気にしなくともよい、とか、経常収支の黒字や企業部門の黒字の現状から、それは当然のことだからやむを得ない（いわゆるＩＳバランス論）という見解もある。

私はそのいずれにも賛同し難い。いずれにしろ、現在の財政のあり方が大きな政策課題であることは間違いがなく、これを中心とした経済政策の議論が、もう少し行われてよいように思う。

（２０１８年3月1日）

必要なのは構造改革と財政の健全化〈マイナス金利付き緩和策〉

■「マイナス金利」政策とは

２０１６（平成28）年1月29日、日本銀行は２％の「物価安定の目標」を出来るだけ早期に実現するため、いわゆる「マイナス金利」を導入することにした。

どこの国でも銀行は、その個人や企業から受け入れた預金の一部を、中央銀行に預けることとされている。通常、この預金には利息がつかないか、場合により金利が付けられることになっている。

今回の措置は、そのうち一定の預金については、逆に銀行から金利を徴収することにするというものである。日銀が、何らかの追加的な金融緩和策に踏み切るかもしれないとは言われていたが、この時点で、このような異例の措置が採られることになると予想していた人は少なかったであろう。

かつてこの種の政策に直接関わり、その後も内外の金融政策に関心をもって見守ってきた者として、多少のコメントをすることをお許し願いたい。

率直なところ、純粋に金融政策のみの問題として捉えると、多分この措置は採るべきではなかったのではないかと思う。

この措置発表後、海外の経済、金融情勢をも反映して、安くなると思われた円がかえって高くなり、高くなると思われていた株価が下落するなど、市場の乱高下がみられるが、そういう事態が発生しなかったとしてもそうである。

いくつか理由があるが、その一つは、この措置が、これまで日銀が目指してきた物価上昇政策との一貫性に欠けるように思われるからである。

■ECBの政策との比較

日銀は、2013年4月に、その「量的・質的緩和」という超緩和政策の導入にあたり、マネタリー・ベースの拡大を通じて物価の上昇を図ると説明してきている。ちなみにマネタリー・ベースとは、銀行が日銀に預ける預金の額と、市中に流通している日本銀行券の合計額である。

現在、日銀はこのマネタリー・ベースが、年間80兆円で増加することを目指して、大量の長期国債等を定期的に買い上げている。

その政策の下で、これまでは、市中銀行が日本銀行に預けている預金について、無利子とするか、又は0・1%の金利を付するとしていたのに、これを一定の預金については、逆に0・1%の金利を銀行から徴収するというのである。

この部分に関する限り、銀行に預金を積ませないこととする措置、すなわちマネタリー・ベースの拡大を阻止する措置である。

従って、「マネタリー・ベース」の拡大を通じて、物価の上昇を図るという従来の説明と矛盾する。この措置は、日銀の政策審議委員会で、5対4の僅差で決定されたものであるが、その発表の際の文書によれば、この措置に反対した審議委員は、その理由を「複雑な仕組みが混乱を招く恐れがある」とか、現在行なっている「資産買入れの限界とされる恐れがある」等としているが、これらは、すでに述べたことを言い換えたものと言ってよかろう。

このような論に対しては、「ECB（欧州中央銀行）はすでにマイナス金利を導入しているではないか。わが国もそれにならっただけである」との反論がありえよう。

ところが、ECBの場合には、日本銀行の場合のように、「マネタリー・ベース」の拡大を通じて物価上昇を図るという意図を表明していない。ＥＣＢは従来から、物価の上昇はマネタリー・ベースの拡大ではなく、「銀行の貸付の拡大を通して」達成すると説明してきた。

ＥＣＢの場合には、市中銀行の預金にマイナスの金利を付けるにしても、それによって減少した中央銀行への預金を銀行による企業等への貸付に廻させるというものであり、これまで自らが説明してきた物価上昇のプロセスとの間に何らの矛盾も生じないのである。

私は、この決定が行われた日、その発表の約1時間後に、毎年恒例の、２０１6年で9回目になる年頭の「新年の経済見通し」の講演を行った。

その講演の中で、今回の措置は、物価上昇に対して多少はプラスの影響があるかもしれないが、全体としての影響は予測し難く、特にマーケットがどう動くかは判断が難しい。この措置は、金融市場に対しては不安定要因であること、その影響は、時として不合理な、マーケット参加者の反応を見るしかないということを述べた。この予測は外れていなかったようである。

ただ、こういう具体的な政策措置の決定にあたって、当事者には、われわれ部外者が知りえない状況があることもある。私が「多分」この措置は採るべきではなかったのではないか、としたのは、このためである。

■残された政府側の措置

では、われわれはいかなる政策措置を採るべきであろうか。少なくともその方向は明瞭であるように思う。

2013（平成25）年1月22日、日銀がその政策の転換を行い、「物価」を「目途」として捉えることに代えて「目標」とし、それを消費者物価の前年比上昇率2％とした。その際、この政策の転換は政府の一定の政策とセットで決定されている。

この同じ日に、「デフレ脱却と持続可能な経済成長の実現のための政府、日本銀行の政策連携について」と題する異例の政府、日銀の共同声明が出されているのである。

これによれば、政府は、わが国経済の再生の為、第1に思い切った政策を総動員し、経済構造の変革を図るなど日本経済の競争力と成長力の強化に向けた取組みを具体化し、第2に財政運営に対する信認を確保する観点から、持続可能な財政構造を確立するための取組みを着実に推進するとしている。

前者には人口の減少等に伴い、放置すれば、自然に低下するわが国の潜在成長率を高めること、後者には、わが国の財政の姿の早急な健全化を図り、わが国財政に対する市場の不安定化要因を取り除くことが期待されていたはずである。

ちなみに、「持続可能な財政構造を確立するための取組みを推進する」というのは、現在は持続可能な財政構造が確立されていないという認識に基づいての文章である。

同年4月、日銀はこの新たな政策をさらに強化して、「量的・質的緩和」という異例の金融政策を導入した。その効果として、現在は物価上昇率のペースはやや遅いもののデフレ脱却は着実に進展している。

この間、為替相場については1ドル80円台という超円高は解消され、そこそこのレベルに戻っている。ちなみに、認識されることは少ないが、この超円高の是正も、日銀のこれらの政策の効果である。

他方、政府側の措置は、期待通り進展しているとは言い難い。経済構造改革については、その具体的なプログラムは多岐にわたるが、経済学的見地からすれば一貫性がないところも多々あり、又、政策というよりは、政策目標が掲げられている場合も少なくない。後者の財政健全化については、むしろ後退しているようにさえみえる。

打つべき手は、今回のような中央銀行による金融措置ではなく、政府によるさらなる構造改革と財政の健全化であるように思われるのだが……。

（2016年2月25日）

難解な新しい金融政策〈長短金利操作付き緩和策〉

■「イールド・カーブ・コントロール」

2016（平成28）年9月21日、日本銀行は新しい金融政策を発表した。この「長短金利操作付き量的・質的金融緩和策」の内容及びその考え方は、なかなか複雑である。

私は長年、内外の金融政策について、ある時は関係者の一人として、近年はその影響下にある金融機関の経営者の一人として、これに係わってきたが、それでもよほど注意して読まないと、その内容がわかり難いというのが正直な感想である。

この新しい政策については、一部の先鋭的な理論派の経済学者からは強力な支持が、多くの実務家や伝統的な理論を信奉する経済学者からは、批判的な見解が示されている。

おそらく、後者のかなりの部分は、この政策自身のわかり難さと、現在のわが国の経済政策の課題が、「デフレ脱却」のみではないこと、従って、わが国が現在抱えている経済政策の課題を、金融政策のみで解決しようとしていることに由来するのではないかと考えている。

この新政策は、次の2点からなっている。

第1点は、「長短金利操作」とされる。これは講学上は「イールド・カーブ・コントロール」と呼ばれる。具体的には、短期金利のみならず、長期金利についても中央銀行がその政策手段を行使し、10年物の国債金利が、概ねゼロ％程度になるようにしようというものである。

伝統的な金融理論に従えば、中央銀行は短期金利のコントロールは出来るが、長期金利のコントロールは出来ない、従って、長期の国債の売買によって、中央銀行がそのコントロールを図ってもその効果はない、ということになる。

第2点は、「オーバーシュート型コミットメント」と呼ばれるものである。これは、2％の「物価の目標」を実現するため、これを安定的に持続するために必要な時点まで、この新しい政策を継続するというものである。必要があれば、この政策を2％の目標を達成した後も続けるとも読めるのである。

通常は、その目的達成が明らかになれば、物価上昇の行き過ぎを予防する為に、そういう政策を止めるのであるが、そういうことはしないと言っているようである。

■国際的視点も大切

この日発表された日本銀行の政策発表の文書は、その背景ともなった最近の金融政策の

「総括」も含め、この2点の他にも、いくつかの目立った特色がある。

第1は、国際的視点の薄さである。

例えば、金利引き上げの過程にある米国のＦＲＢ（連邦準備制度理事会）は、本年中に4回の引き上げがあり得ると予想されていたが、まだ1回も引き上げていない。それは世界の経済・金融情勢の故であるとされている。

他方、日本銀行は、原油価格の下落等、国際要因が物価上昇を困難にした要因として挙げてはいるが、具体的な金融政策を考える際の要因として、世界の経済・金融情勢を明示的には掲げていない。これは、やや奇異である。

同様に、これらの政策が、あたかもわが国が閉鎖経済のごとく語られている。海外の要因により、わが国の物価が上下することは当然であるのに、それら全てを、わが国の金融政策により対処しようとしているかのようであり、またそれが可能であるとしているようだとの印象を受ける。

第2は、この異常な金融政策のもたらすコストとベネフィットについてである。

例えば、マイナス金利の導入は、国債買い入れとの組み合わせによれば、中央銀行がイールド・カーブ全般に影響を与える上で有効であることが明らかになった、としてこれを進めるとしている。

金融政策も含め、およそ経済政策は、ただ単にそれが有効であるという理由で、これを採用するというものではなかろう。その政策手段のもたらすコストとベネフィットとを比較して、その採否を決すべきものであろう。その検討についての言及がない。

■緩和策の評価

すでに3年を超えて採用されているこの異次元の金融政策は、銀行をはじめとして各種金融機関の収益を圧迫している。

結果として、金融システム全体の不安定化をもたらす恐れすらないとはいえない。また、そのもたらす金融収益の低下は、年金基金の運営を難しいものとしている。このことは、この政策が、わが国の社会保障制度の根幹である年金制度を蚕食しつつあることを意味する。

ドイツ、フランス、オランダ等、欧州大陸諸国において、マイナス金利に強く反対しているのが、年金基金の団体であることは示唆に富むところであろう。このような異常な政策を、長期にわたって実施することの社会的コストは低くないはずである。

第3は、例えば、現在物価が上昇しないのは、予想物価上昇率が低いからであるとしている点である。

現在物価が上昇しない原因は、必ずしも金融の範囲内の話ではないかもしれないし、その原因究明は、むしろ社会学の領域の話かもしれない。例えば、老後の生活が不安なため、国民が消費をためらっているからかもしれない。だとすれば、その解決策は、金融政策ではなく、多くの国民が安心し得る社会保障制度の確立ということになる。

とはいえ、これまでの日本銀行の異次元の金融政策は、80円台の超円高を是正し、ある程度の物価上昇をもたらした。翻って、現在のわが国経済の課題は、思ったように上昇しない物価だけではない。相応の努力をして、ある程度の成果を挙げたわが国の中央銀行に対して、さらに「何故金融緩和は効かないのか」を問うのは酷であろう。

今わが国に求められているのは、2013（平成25）年1月の政府と日銀の共同声明、そのもう一方の当事者である政府の側のコミットメント、すなわち「経済構造の変革を図るなど、日本経済の競争力と成長力の強化に向けた取組を具体化し」、「持続可能な財政構造を確立するための取組みを着実に推進する」ことではなかろうか。

（2016年11月3日）

ロンドン大学のマーヴィン・キング教授（後にイングランド銀行総裁）と著書（国税庁企画課長）＝1984年頃

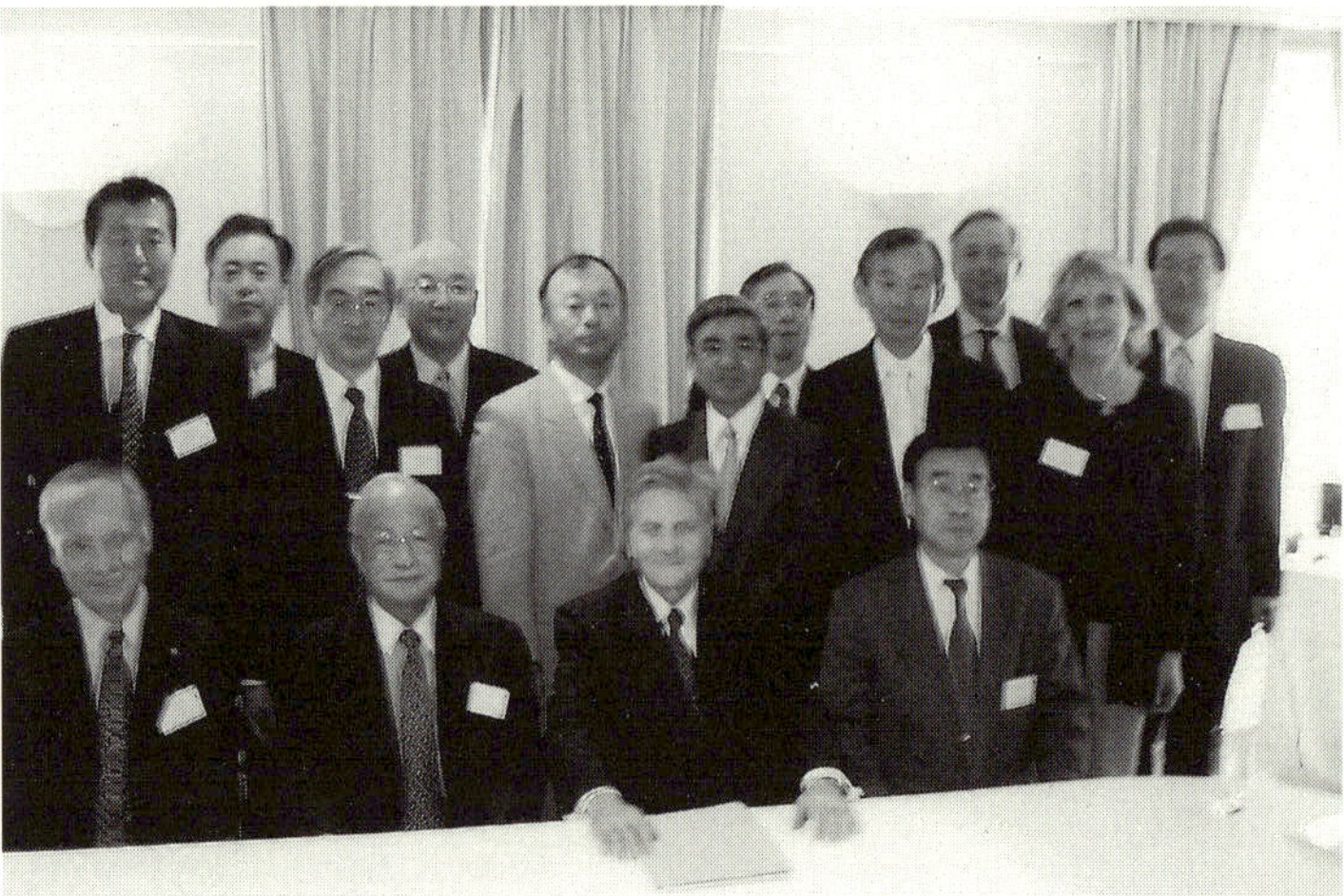

パリ・ユーロプラス会合にて。前列右から著者、J・トリシェ ECB総裁、内海孚元財務官＝2011年7月

第8章　次世代へ——国際化論

国際化への対応——世界を直接相手にせよ

■とにかく海外へ

わが国経済の国際化にいかに対応するかについて、議論されるようになって久しい。

私が外国に留学したり、国際金融交渉に係わったり、米系のプライベート・エクイティ・ファンドの経営に係わったりしたからであろう、時々高校や大学などで、国際化にどう備えるべきかについての話を求められる。

そういう機会を通じて、私は正直なところ、こういう若い人たちに対して、ある種の同情を感じる。なぜなら彼らは、学校においても社会においても、現実に「国際化」にさらされたことの少ない人から教えを受け、そういう人を介した情報に頼って、「国際化」への対応の仕方を学んでいるからである。

私は、若い人たちには「直接、自ら世界を相手にせよ」と言っている。その最も手っ取り早い方法は、どういう形であれ、とにかく海外に出ることである。

２０１４（平成26）年6月までの8年間、私は西日本シティ銀行の頭取であったが、毎年新卒採用の前年10月に行われる内定式で、卒業までの間に何をしようかと迷っている人は、観光でもよいから、とにかく外国に行きなさいと述べてきた。

パスポートを持って海外に出ることが、どういうことなのかを自ら体験し、また、外国が日本とどう違うのかを自ら感じるためである。ある高校では同窓会がスポンサーとなって、毎年十数名を米国の研修旅行に送っているという。これも良い試みである。

ただ注意すべきこともある。それは、そこで見聞きしたことをもって、直ちにそれが「世界」だと断定しないことである。むしろ外国がいかに日本と違うかに気付き、自分の英語が、いかに通じないかを知ることが大切なのである。

国際化への対応ということでは、外国の本や新聞、雑誌を読んだり、テレビを見たりすることも大切である。それも出来れば、原語のままであることが望ましい。そこではわが国で報道されてない事実や、わが国とは異なった観点からの議論が紹介されている。

福岡でもケーブル・テレビに加入し、ある程度の受信料を払えば、米国系のＣＮＮや英国系のＢＢＣを見ることが出来る。音声を切りかえれば、英語ではなく日本語の番組として見ることも出来る。

私は２０１１年３月11日の東日本大震災の際、ＣＮＮの連日の詳細な報道によって、日本の新聞やテレビで伝えられていない多くの事実を知り、事態が極めて深刻であることを知った。

これを踏まえ、同年4月1日の入行式では、「この問題は、皆が考えているより、はるかに広範囲かつ深刻であり、その解決には極めて長期の時間が必要であろう」と述べた。

■海外の直接情報の活用

外国の新聞や雑誌を直接読むことは、海外での物事の展開を知る上で特に有益である。中でも金融については、その国際的な一体化が進んでいるので、海外の正確な情報の早期入手は大切である。

私は昔から外国のメディアに目を通していたが、その成果を地元の若い経営者や、やる気のある学生にも還元すべきであると考え、2007年2月に「ビジネス・ウィークを読む会」を立ち上げた。

この会は、週刊誌の『ビジネス・ウィーク』『タイム』、日刊紙の『フィナンシャル・タイムズ』などの記事の中から、大事だと思われるものを拾い上げ、その内容について議論するというものである。ちなみに同年8月に顕在化し、08年9月にはリーマン・ショックを引き起こしたサブ・プライム・ローン問題については、07年夏の段階で、この「読む会」で取り上げた。

私はその成果をベースに、07年9月26日及び11月8日に、地元の経営者の人たちに対し、本件についての講演をした。現在「大恐慌」と呼ばれる「リーマン・ショック」が発生する1年前であった。

いずれにしろ、国際化への対応として、自分で世界を直接相手にすることを強く薦めたい。そして、その素材やチャンスは、周辺にいくらでも転がっているのである。

世界の情報を東京を経由せずに直接入手し、それらをベースに自分で考え、そして、われわれの意見を直接世界に発信すること、それこそが国際化対応の基本であると考えている。

（2014年10月30日）

「論争」「批判」を回避してはならない

■論争能力が大切

世界の経済社会の一体化に伴い、どのようにして「国際人」を育てるかが、わが国でも重要な課題となっている。「国際人」とはその定義があまりに広く、国際的に通用する人というぐらいの意味として捉えることにしたい。

わが国では、この対策として、世界共通の言語となりつつある英語の教育を早期に始めようとする動きがあり、近々小学生から英語が必須科目となりそうである。もちろんコミュニケーションの重要な手段である言葉の習得も大切であるが、それと同様に、あるいはそれ以上に大切な対策が少なくないように思う。

その一つが、わが国に一般的にみられる「論争」や「批判」に対する否定的な評価を変えることである。

わが国には、もともと個人間の「論争」や他人に対する「批判」を好ましくないとして回避する傾向がある。そしてこの傾向は、近年ますます強まってきているように思う。だが、これは歓迎すべきことではない。そもそも物事の進歩のためには、意見の異なる者の間の「論争」や「批判」が不可欠であり、また国際人たることの大事な資質の一つが、「論争」する能力だと思われるからである。

数十年ぶりに福岡に戻り、時折ドームに野球の観戦に行くが、そこは、かつての西鉄ライオンズ全盛時代の平和台球場と違って、意外に静かである。というよりは、太鼓の音と選手の名前のコールは大きくてうるさいが、観客との対話がない。

審判が、どう見てもボールだと思われる球を、「ストライク！」と宣しても不平の声がない。こういう場合、かつてであれば「オイ審判、目のタマはどこについているのだ。今のはどう見てもボールじゃないか」といった野次が飛んだものである。また、バッターがチャンスに不甲斐ない様で三振しても、罵声を浴びることもない。

味方のピンチの時に、森福（允彦）選手が救援投手として起用され、相手の主力打者を三振に打ち取ってピンチを救っても、大きな拍手があるだけである。昔なら、「森福、良くやった。来年は給料を上げてもらえヨ」くらいの声が飛んだであろう。

観客だけではない。ジャーナリズムも随分おとなしい。かつて、常勝軍団を作った西鉄ライオンズの三原（脩）監督の時代でも、その采配について、翌日の新聞であれこれ批判されたものである。

ところが近年は、どんなに連敗が続いても、監督の指揮振りについてのコメントが出ない。せいぜい「……と監督がぼやいている」といった程度の記事である。

企業の経営悪化が、トップの責任であるのと同様に、長い連敗の責任の、少なくともその一端は監督にあるはずであるが、その視点に立った記事が、まったくといっていいほどない。

■論争や批判は好ましい

これらはつまるところ、当人に対する気遣いの結果であり、優しい気持ちの現れなのであろう。ところが、このような論争や批判の欠如は、野球に対する世間の関心を高めることには役立たないし、結局は、このスポーツの繁栄にも寄与しないのである。

経済政策や外交政策が論じられる国政においても同様である。かつては、日刊紙上に国会における議員同士の論戦が紹介され、どちらが優れていたかなどについて、担当記者のコメントが掲載されていた時があったようである。

太平洋戦争が始まった約1年後の昭和18年1月1日付の全国紙の一面には、当地の国会議員であった中野正剛氏の「戦時宰相論」と題する、当時の首相を暗に批判した小論が掲載されている。

翻って、私は平成12年の夏まで国家公務員として霞ヶ関で働いたが、その長い課長補佐時代の最初の4年間は、大蔵省主税局に在籍した。その間、自動車重量税の倍増やガソリン税税率の2割引き上げ、法人の租税特別措置の大幅整理（増税）を担当した。

その頃は、政府答弁の多くは大臣や副大臣ではなく、政府委員と呼ばれた各省の局長が答えていた。その時に仕えたある局長は、野党からいろいろと厳しく追及されても、「国会の論戦は大切にしなければならない。特に政府と意見を異にする野党の議員の主張は、将来の国民の意向を推測する上でも格別大事なのだ」という考えであり、難しい質問にも丁寧に答えていた。

残念ながら、このような風潮には著しい後退が見られる。「論争」や「批判」は、忌むべきものではなく、進歩をもたらす大切なものであり、むしろ歓迎すべきものであるとの認識、及びそれに基づいた幅広い対応が、多くの分野で求められているように思う。

（2015年3月19日）

マスコミは正確に情報を伝えよ

■マスコミに3つの機能

改めて述べるまでもないが、現代社会におけるマスコミの影響力は大きい。それは、その時々の政策の方向に大きく影響を与えるし、時として政権政党を変えてしまう。

それ故に、われわれはわが国の健全な発展のためにも、わが国のマスコミが、その本来期待されている機能を本当に果たしているのか、国民が世の事象を正確に把握し、望ましい国や社会のあり方を検討するためのベースを提供しているのかを、常に監視しなければならない。

これは、彼らが保証されている「報道の自由」の所以《ゆえん》だからである。

私は常々、マスコミには、事象を正しく報道すること、自己の主張を展開すること、及び少数者の意見をも紹介するなどして世論形成の場を提供すること——という3つの機能があると考えている。このうち、第2及び第3の機能はともかくとして、第1の機能について、わが国のマスコミには相当改善の余地があるように思う。

多くの人は、わが国のマスコミは、常に事実を正確に報道していると考えているが、必ずしもそうではない。

私が係わった事例から紹介すると、例えば次の通りである。

私は8年間銀行の頭取であり、毎年4月に新入行員に訓示を述べることになっていた。近年、同じことを強調した。それは、新入行員には、まず何よりも独立した一人前の大人になってほしいこと、次に立派な社会人になってほしいこと、そして三番目にきちんとした西日本シティ銀行の行員に育ってほしいこと、であった。

ところが多くの場合、翌日の朝刊には、現在銀行間の競争が激しいので、しっかり仕事をするようにと述べたと書かれていた。

銀行間の競争が激しいとは言ったが、社会人としての第一歩を踏み出そうとしている、しかも当行の将来を託すべき新入行員に対して、私はそういうつまらない話をした覚えはない。

■まずは正確な報道を

また、2、3年前のことであるが、東日本大震災後の電力会社の対応に関してインタビューを受けた。

私は、かつての霞ヶ関での経験を踏まえ、現在の、原価に一定の合理的な利潤を乗せて電気料金を設定するという制度（総括原価方式）は、市場経済下のわが国では異例のものであり、この制度の下では、電力会社も監督官庁も常に相当の緊張感を持ってその運営にあたる必要があると思うこと、及び私の知る限りでは、地元の電力会社は、問題となっている電力会社に比して、格段にしっかりした対応をしていると思うこと、を述べたのである。

ところが、私の意見を紹介した後日の新聞には、この後半部分は示されなかった。それどころか、地元の電力会社を問うとしたこのコラムには、憮然とした私の顔写真とともに、「特権にあぐら『電力緩んでいる』」との見出しがつけられていた。

私はそういうことは言っていない。実はこういう展開もあろうかと、当該記者の了解を得た上で、当日のインタビューを全て録音していたのである。早速担当者を通じて抗議したのは言うまでもない。

私の経験では、欧米の一流のマスコミに関してはこういうことはまずない。

1995年だったと思うが、当時大蔵省の国際金融局次長であった私は、わが国で開かれたロシア支援のための先進8カ国の蔵相会議及び外相会議（当時、G8・8と呼ばれた）の記者レクを外務報道官とともに行った。その際、私の質疑応答中の重要な発言は、一言一句正確に紹介された。これは世界的な英語の日刊紙の例である。

また、この6月には、定評のある英語の経済専門週刊誌の電話によるインタビューを受けた。わが国の地方銀行を巡る諸問題についてであった。

同社は、後日私の発言内容についてこれでよいか、として当該部分の原案を示し、チェックを求めてきた。その原案は正確であり、「異議なし」と伝え、それがそのまま記事となった。

このようにわが国のマスコミは、特に他人の発言について、事実をありのままに伝えないことが少なくない。客観的に事実の全体を伝えるようなふりをして、自己の主張に沿った断片のみを紹介したり、自己の主張に反する事実を故意に紹介しないことがある。

これは誠に困ったことである。経済、政治、外交、社会保障制度など多くの面で、わが国が大きく転換しようとしているこの時期、マスコミの役割はそれだけ重要になっている。だからこそ、その機能の向上を特に求めたいのである。

（2014年9月4日）

歴史を学び、歴史に学ぶ

■『宮本武蔵』から

2015（平成27）年は、戦後70年の節目の年であり、歴史について語られることが多かった。

私は節目節目に過去の歴史を振り返ることは大切であるが、さらに進んで、歴史に学びつつ生きていくという途があって良いのではないかと思う。おこがましいが、私と「歴史」との関わり方をその一例として紹介したい。

歴史への興味は、吉川英治に始まった。

中学1年生の時に、担任の教師から、「これは面白いぞ」と『宮本武蔵』を薦められたことが、きっかけである。

主人公が懸命に技を磨く過程もさることながら、その「我於事不後悔」（自分は考えに考えた末に行動をするので、その結果がいかようであろうとも、そのとった行動を後悔することはない）というすさまじさに驚いた。

次いで、『新書太閤記』に移った。秀吉が全国統一にいたるまでの有力武将の戦いや、かけ引きが主たる流れであるが、格別興味を覚えたのは信長であった。

生死を賭けた決戦の前に踊ったという「人間《じんかん》五十年、化転《げてん》の中を比ぶれば、夢幻の如くなり」という幸若の舞に、その人生観をみた（ちなみに14年のNHKの大河ドラマ「軍師官兵衛」ではこれを「ニンゲン」と読んでいたが、本来「ジンカン」と読むはずである）。

次に読んだ長編の『新・平家物語』は、当時はまだ完結しておらず、「週刊朝日」に連載中であった。何巻目かまでは既刊の本で読み、残りは毎週父親が買ってくるその連載で読んだ。

吉川英治の面白さの一つは、歴史の事実や解釈について、諸説があるときには、それらを紹介した上で、昔の資料にあたって、自分はこうではないかと思うと推論することである。

『新・平家物語』では、この時代長く摂政を務めた九条兼実《かねざね》の日記である「玉葉」が、多くその資料として引用されていた。数年前、九州国立博物館で平安時代の書籍の展示会があり、その中でこの「玉葉」の現物を見つけた。その文字がかつて想像していた通り、極めて繊細でやさしいことを知り感動した。

次に南北朝時代を扱った『私本太平記』を読んだが、これは面白くなかった。

高校に進む頃には中国ものに移った。まずはこれも吉川英治の『三国志』である。この本は明代の中国で、『三国志演義』が完成する以前に書かれた歴史書を底本にしたものである。

一般的に「三国志」では、劉備玄徳や諸葛孔明といった蜀の人物に人気があるが、私は猛将でもあり詩人でもある魏の曹操に深い興味を持った。

蘇軾《そしょく》の「赤壁の賦」にも引かれている彼の詩の一部である「月明らかに星稀に烏鵲《うじゃく》南へ飛ぶ」という自信に満ちた態度は、後年、社会人となって国際金融交渉で欧米に対峙《たいじ》した時に思い起こすこととなった。

続いて、これは吉川英治ではなかったと思うが、「史記」に始まる中国の十八の歴史書をまとめた『十八史略物語』を読み、さらに、それ以降の歴史書をカバーした『続十八史略物語』へと進んだ。

これらの中国の歴史や西欧の歴史を読んで、世界には、われわれが及びもつかない考えを持った人や行動をする国があることを知った。

■日本の近代史を手厚く

大学に入ったのは1962（昭和37）年である。この頃、インドのネルー首相が著した

『父が子に語る世界歴史』というのを見つけた。英国の植民地であったインドの独立運動に従事した罪で牢獄《ろうごく》に入れられていた間に、当人がまとめたものだということであった。

その趣旨は、当時「世界史」として教えられていたものは、ヨーロッパ人の観点からの「世界史」であり、インド人の立場からみた世界史とはこういうものだというものであった。

このことはわれわれが高校時代に習った世界史も、例えば、アメリカ大陸への到達を「新大陸の発見」としていたように、西欧からみた世界史を下敷きにしたものではないかということを想起させた。

当時は35年の「安保闘争」直後であり、大学では社会主義賞讃の傾向が強く、また、南原繁、矢内原忠雄、末川博といった人々の教養重視の風も強かった。そういう雰囲気の下、大学1、2年の教養学部の時代に多くの本を読んだ。37年に出たE・H・カーの『歴史とは何か』は、「それは過去と現代の対話である」（単なる事実の記述は歴史ではない）と説き、またたく間にベストセラーとなった。

歴史に関しては、西欧のそれに加え、太平天国の乱、辛亥革命等、清朝末期以降の中国の革命に関するものを多く読んだ。エドガー・スノーの『中国の赤い星』も印象に残った。正直なところ、それらの内容の一部に、私がかつて、現実に中国で生活をしたり、戦後大陸から逃げ帰った人たちから直接聞いた話とそぐわないところがあった。

社会人となってからは、何故、結果として330万人もの犠牲者を出す等、多くの不幸をもたらした戦争にいたったのかについての関心が強くなった（陸軍戸山学校で助教を務め、剣道四段だった私の叔父は、いわゆる支那事変で戦死した。従兄弟の一人は福岡大空襲の際、連隊本部にいて重要書類を抱えて火の海を逃げ廻《まわ》ったという）。

時間を見つけては、それに関する本を読んだ。なるべく客観的に事実を記述したものに頼ろうと思い、まずは、児島襄の一連の作品を読んだ。いずれも相当の大作である『日露戦争』『日中戦争』それに『日本占領』、『史録日本国憲法』等である。戦争中の陸海軍の幹部の手による回顧録も読んだ。

■変わる「歴史」

そうしているうちに気づいたことの一つは、時の経過とともに、かつて、「正しい」とされていた歴史が、必ずしもそうではないことがあるということであった。

その多くは、当時知られてなかったことが、時の経過とともに明らかになることによるものであった。例えば、われわれが学生時代に熱心に読んだ戦没学生の手記である『きけわだつみのこえ』も、実は都合の悪い部分が削除されていたことがわかった。

戦後、占領軍による、国民の私信の検閲や削除、放送、文化への介入が行われていたことは知っていたが、最近、戦前にわが国で出版された図書のうち、都合の悪いものの没収を図ったというういわゆる「ＧＨＱ焚書《ふんしょ》」が明らかになったとされる。

興味深いことに、この没収本の対象に、福岡出身の異能の政治家である中野正剛や、これも福岡出身の作家である火野葦平の著書が、いずれも7冊と多く含まれている。

こういう事実は、少なからずわれわれがかつて学んだ「歴史」に影響を与えていたのではないかと思われるのである。

他方、欧米人の手による世界史ではないかという批判に関しては、21世紀に入って出された英国人Ｊ・Ｍ・ロバーツによる『世界の歴史』のように、より幅広い観点からの歴史書も現れるようになった。

いろいろな意味において、２０１５年は歴史を考える年であるように思う。

（２０１５年８月６日）

「使える英語」習得をディベートで

■求められる英語とは

世の中の一層の国際化によって、英語の重要性が益々高まっており、それに応えて小学生から英語が正式科目とされるなど、様々な努力が行われている。同時にどのような英語の能力が必要なのか、又、そのような力をつけるためにはどのような教育がよいのか、が改めて議論されている。大変結構なことである。

考えてみると、現時点で英語が必要とされる理由は、どういう所に行きたいとか、何を食べたいとかについて、外国の人と正しく意思の疎通をするなどの為だけではない。

それは、現実の社会において、例えば外国人も含めた取締役会において議論をして、会社としての方針を決めたり、外国との商取引で価格交渉をしたり、世界の学会の場で研究発表をしたりする為に必要だからである。

だとすれば、求められる英語のレベルも、先方と正しく意思疎通をする能力をはるかに超えたものであるはずである。意見の違う相手に、論理的に、わかり易く自分の意見を説明し、時として先方に異を唱え、自らの考える方向に結論を導く力であるはずである。

相手方が、こちらに発言の機会を与えまいとしている時に、相手の発言をさえぎって自己の意見を主張しうる能力であるかもしれない。

そういうことであれば、現実社会に必要な英語は、通常学校で教えられているような、日本語の文章を正確な英語に翻訳する力や、与えられた英文を正確に日本文に変えるといった能力を超えたものであるはずである。

実は、経験によれば、このような英語の能力を身につける為の有力な手段が、自ら英語のディベートを行うことである。

■「ディベート」の効能

ここにいう「ディベート」とは、一部には良く知られているところであるが、例えば「小選挙区制は廃止とすべきである」といったひとつのテーマについて、賛成、反対の2チームに別れて、一定のルールに従い英語で討論をするという一種のゲーム（試合）である。

賛成、反対どちらの立場に立つかは、その自らの信念とは関係なく、試合の直前に「トス」等で決まる。すなわち、試合が始まるまでは、自分がどちらの側に立つのかわからないのである。

ディベートにはいくつかの方式があるが、最初に賛否それぞれの主張をする立論の期間（セッション）が、次いで双方が入り乱れて議論をする期間が、そして最後に、それまでの討論を踏まえて、やはりわれわれの方が正しいと主張する総括の期間から成り立っているのが通常である。

また、1人が1回につき話しうる時間が限定されていること（例えば1回につき3分以内）、それぞれの側の発言の合計時間に限度が定められていること（例えばそれぞれのチームに20分ずつ）、最後の総括の期間に新しい論点を持ち出してはならないこと等についても共通である。

最後は、審判（通常複数の審判団が構成される）が、個々の論点の内容、主張の論理性、結果としての全体の説得力等を勘案して、どちらのチームが勝ったかを決めるのである。

2017年10月、福岡市で、日本英語交流連盟（沼田貞昭会長）主催のディベートセミナーが開かれた。

そこでは、英国から招聘《しょうへい》したオックスフォード大学の学生など、英国の一流のディベーター4名による英国流の模範ディベートが行われた。

彼らは、同連盟が東京で行った20周年記念大学生・社会人合同英語ディベート大会に招かれて来日したのであるが、足を伸ばして福岡に来てもらったのである。

試合開始20分前に「ＳＮＳは反社会的である」というテーマをもらった両チームは、それから自チームの議論を組み立て、概ね上記に紹介したルールに従ったディベートを行った。

立論に賛成（「反社会的である」とする立場）のチームは、スマホが普及することにより、人々が新聞を読まなくなり深い知識が普及しない、トランプ大統領に見られるようにツィッターにより不正確な情報が拡散される、個人同士の密接な接触がなくなる等、社会の為によくないと主張した。

反対（「ＳＮＳは好ましい」とする立場）のチームは、その普及によって、遠隔地の人とのコミュニケーションが可能になる、多くのニュースが飛びかうことになり誤った情報のウソもすぐバレることになる、オフィスに行かなくとも仕事ができる等、仕事の効率化が進む、従ってＳＮＳは好ましいと主張した。

結局このディベートは、反対論が勝ちと判定された。以上で推測がつくと思うが、これは「パーラメンタリー・ディベート」という英国の議会討論を模したディベートである。

その判定は、それぞれの論点の優劣、主張の際の論理構成の良さ、さらにはユーモアのセンス等も活用して、いかにして相手方を説得するか、さらには聴衆（観客）にどのよう

日英協会総会の記念写真。ティム・ヒッチンソン英国大使（中央）、その左隣が著者＝2015年3月

に受けとられたか等がポイントとなる。要するにどちらが論戦に勝ったかということである。

■討論で育つ英語力

先に紹介した福岡における模範ディベートは、福岡日英協会（現在、私はその会長を務めている）等の協賛で行われた。

実は、この日本英語連盟の会長である沼田氏と私は東京大学ＥＳＳの同期生である。大学１、２年生の間、我々は熱心にクラブ活動をした。沼田氏はその後、駐英公使、駐カナダ大使などとして活躍した。私は、大蔵省（現在は財務省と金融庁に分離）に入り、特に日本たたきが激しかった1980年代から90年代に、日米金融交渉を始め多くの国際交渉に係わった。

この項の冒頭に述べた「現時点で必要とされる英語の能力」は、この際、特に痛感したことでもある。

日本を取り巻く国際環境は厳しく、英語で先方を説得する能力はますます必要となるように思う。そこでわれわれは、ディベートのさらなる普及などを通じて、現実社会に必要な英語力の向上に努めていきたいと考えている。


（2017年12月21日）

あとがき

これは私が産経新聞九州・山口特別版の「一筆両断」に寄稿したエッセイの一部をとりまとめたものである。そこでは「思っていることを率直に」という編集者の言葉に甘えて自由に書かせてもらった。

読み返してみると詰めが不十分なものがあり、いささか独りよがりのものもある。現在のものとしてはいかがか、と思うものもないではない。とはいえ、それぞれの時期と環境の下で精一杯書いたものであり、そのままであることに価値があろうと思い、事実の間違いを正すこと以外は、ほとんど手をつけないで収録することにした。

おわかりの通り、テーマは、世界経済や政治、わが国経済などと幅広い分野にわたっている。これは、何よりも私が多くの種類の仕事に係わってきたからである。

とはいえ、多くは、わが国の政策、それにまつわる「政」と「官」についてである。それは私のこれまでの経歴の大部分が、霞ヶ関を中心とした国の政策に係わるものだったからである。

私の職歴は50年を超えたが、そのうち36年は公的部門で働いた。うち、31年を大蔵省で、3年を国土庁で、そして2年弱を都市基盤整備公団で過ごしている。

この3機関は、現在はいずれもその名前を変えており、大蔵省は財務省と金融庁とに分かれ、国土庁は運輸省、建設省、北海道開発庁とともに国土交通省となり、都市基盤整備公団は都市再生機構となっている。

正直なところ、私が霞ヶ関で働くことを決めたのは、他の多くの人たちがそう言うように、「国の為に役に立つことがしたい」というような高邁な考えによったものではない。むしろ単純に霞ヶ関、その中でも大蔵省であれば、自分の性格をそれ程変えずに仕事をやっていけそうだと思ったからである。ただ、若い頃から国家や政治、あるいはリーダーのあり方について関心が深かったことは事実である。

大蔵省で働いているうちに、任された個々の仕事が予想していた以上に大きいことを知り、これはよほど腰を据えて取り組まねばならないと思うにいたった。

その後、わが国が国際的にも容易ならざる状況下にあることを知り、文字通りいかにしてわが国の国益を守り推進するかに知恵をしぼることになった。

結果として、恐らく世間の人には信じられない程度に懸命に仕事をすることになってしまった。寝食を忘れて働くというのはもちろんのこと、時には大げさではなく文字通り命を削って仕事をすることもあった。

私だけがそうであったわけではない。私が仕えた上司も、私とともに働いてくれた部下の諸君も、そうであったと思う。それは、ある意味、公務員の生きざまとしてそうであったと言い換えてもよいかもしれない。


私は、公務員の多くが、これまで自らの仕事の内容や、それについての考えを語らなかったことが、わが国にとって好ましい政策の実現に寄与しなかったのではないかと思っている。

公務員にはその仕事の内容について守秘義務がかけられているし、多くの公務員は自ら大きな仕事をしても、それを他人に示さないという傾向にある。

これを志望する人は「至誠天に通ず」とか「桃李物言わねども下自ら蹊を成す」とかいった考え方の持ち主が大多数である。この為、公務員の仕事の内容やその実態、ひいてはその役割が良く知られていない。

麻生太郎総理（中央）と総理官邸で。その左隣が著者（西日本シティ銀行頭取）＝2009年2月

この結果、国の政策の諸々の次元において、組織としての行政機構が持っている過去の知恵の蓄積が十分活用されなかったり、個々の公務員が持っている高度な見識が、現実の政策に活用されなかったりしたことが少なくないように思う。

このことは、わが国における公務員や官僚機構が、全体として果たしてきた役割の過少評価につながってきたようにも思う。

やや時代がかった表現ではあるが、「一宿一飯の恩義」という言い方がある。

一晩泊めてもらったり、一度の食事を食べさせてもらったりしたことには、それなりのお返しをしてしかるべきであるという考え方である。

それに倣えば、私は三十数年間、わが国に食べさせてもらったわけであるし、そうであれば、それに対して何らかのお返しをしてしかるべきではないか。多くの分野の仕事をした私が、自らの仕事の上の経験を正直に書き連ねることが、まわりまわって世の為、人の為に役立つのであればそうすべきないか。

そういう思いを込めて、私は、世間に耳の痛い話も含めて、「一筆両断」の欄に小論を書いてきた。


振り返ってみると、私は、幅広い経験をしてきた。大蔵省では、前半は主税局や理財局で増税や公的資金の配分などいわゆる国内畑の、後半は、日米交渉やG7や経済サミット等の国際畑の仕事をした。

国土庁や都市基盤整備公団では、国土計画、土地政策、防災、都市計画などの業務に係わった。その後は思うところがあって、ヘッドハンティングに応じ、当時最も先鋭的な経済活動をしていた米系のプライベート・イクイティ・ファンドの会社に移った。

十数年前に郷里に戻り、以降地方銀行の経営に従事している。地域的には福岡で育ち、大学以降は東京で45年過ごし、故郷である福岡に戻ってきたことになる。

日本で法律を学び、英国では経済学を学んだ。こういう幅広い経験は、一方ではある特定の分野を深く掘り下げることを不可能にしたが、他方、様々な角度から物を見ることを可能にしたように思う。

改めて、この種の小論の掲載の機会を与え、本書の出版を推奨していただいた産経新聞社に感謝したい。

久保田勇夫

発刊に寄せて

歴史の含意に満ちている。久保田氏の話を聞く度に、そう感じる。

平成30年が始まる頃だったと思う。久保田氏が今までに関わってきた大物政治家との仕事やエピソードについて、聞く機会を得た。ちょうど「政」と「官」のさまざまな問題が浮上し、国会やマスコミが取り上げていた。「政と官について書いてください」と厚かましくも依頼した。

原稿を読んで驚いた。行間に歴代首相がいた。田中角栄は、今で言うベーシックインカムを「惰眠政策だ」と喝破した。「情の人」竹下登は、官僚への気遣いを欠かさず、宮澤喜一は円高是正へ各国首脳との交渉に苦悩していた。

個々の政治家だけではない。省庁再編をめぐる「政」と「官」のせめぎ合い、G7（主要7カ国蔵相・中央銀行総裁会議）における各国政治家の手練手管。さまざまな背景を持ちながら、全体として国益を追求する「政と官」の姿が、そこにあった。新聞記者がどれだけ取材をしても、小説家がどれだけ想像力を働かせても、かなわない。その場にいた当事者が見聞きしたものが、生き生きと描かれていた。大げさではなく、昭和から平成にかけて、わが国の政治・外交の歴史を研究する上での一級資料であり、後世に残すべきものだと確信した。

特に、日本において中央省庁とそこで働く官僚は、何か問題があれば「官が悪い」と決めつけられやすい。従って歴史的事柄に関する「官」からの発信は、政治家のそれと比べると少ない。だが、官をパージしても国益を損なうだけだろう。「中央省庁は日本最大で最高のシンクタンクだ」。官とまったく関係のない、ある九州を代表する経営者の言葉だ。本作からは官僚が何を考え、何と闘いながら、働いているかの一端を垣間見ることもできる。

ところで若輩の私が言うのは不遜極まりないことだが、久保田氏の本質は慎ましく、真摯な方だと感じている。

この本の内容について、「その場にいた俺が言うのだから、これが歴史的事実だ」と主張してもよさそうなものだ。だが久保田氏は「これは私が見たものに過ぎない。別の当事者から見れば、違った事実もあるし、違う歴史になるだろう。それでも私が見たものを書いておく意味は、問題提起としてあるでしょう」と繰り返す。正確を期して例えば大蔵省の組織や本人の来歴について紙幅を割いているが、これも「どういった組織の人物が、どんな役職の時にその現場にいたか」という詳細な事実が、後世から見れば重要であると認識されているからだろう。この点は、ご本人は決しておっしゃらないだろうから、私が書いておこうと思う。

歴史について本作にはこうある。「もし『歴史』が過去と現代の対話であり、現代にとって意味のある過去の事実が歴史であるとすれば……」。この本には「令和」という現代にとって意味のある事実が、数多く盛り込まれている。

令和元年8月

産経新聞社九州総局長 **小路克明**

本書は、産経新聞九州・山口特別版に掲載された「一筆両断」（2014年9月4日～19年4月1日）を再構成し、一部加筆しまとめたものです。

【著者略歴】

久保田勇夫（くぼた いさお）

1942年生まれ、福岡県出身。66年、東京大学法学部卒業、大蔵省（現・財務省）入省。69年、オックスフォード大学経済学修士。課長補佐時代は税制改正、財政投融資計画、省内調整など国内の仕事を多く手がける。83年、財務官室長に就任し、以降、国際舞台でも活躍。サミット、Ｇ５、Ｇ７などの国際金融交渉にかかわり、議長として95年の日米金融協議をまとめる。国際金融局次長、関税局長を経て、国土事務次官を最後に2000年に退官。

都市基盤整備公団副総裁、ローン・スター・ジャパン会長を経て、西日本シティ銀行頭取。現在、西日本シティ銀行会長および西日本フィナンシャルホールディングス会長。

著書に『国際交渉のABC』（大蔵財務協会）、『展望 日本の不動産証券化』（大成出版社）、『新しい国際金融』（有斐閣）、『証言・宮澤第一次通貨外交』（西日本新聞社）、『日米金融交渉の真実』（日経BP社）、『役人道入門』（中央公論新社）などがある。

装　幀　伏見さつき
ＤＴＰ　佐藤敦子
写　真　著者提供

令和への提言
政と官—その権限と役割

令和元年8月29日　第1刷発行

著　　者　久保田勇夫
発 行 者　皆 川 豪 志
発行・発売　株式会社産経新聞出版
〒100-8077 東京都千代田区大手町1-7-2 産経新聞社8階
電話　03-3242-9930　FAX　03-3243-0573
印刷・製本　株式会社シナノ
電話　03-5911-3355

ISBN978-4-86306-147-7　C0095